꾸러기 영어마을 1단계 [개정판]

꾸러기 영어마을 1단계 [개정판]

2006년 09월 15일 초판 1쇄 발행
2025년 11월 25일 개정 1쇄 발행

지은이 최기영
그림 이경택
펴낸이 이규인
펴낸곳 국제어학연구소 출판부
출판등록 2010년 1월 18일 제302-2010-000006호
주소 서울특별시 영등포구 문래북로116 903호(문래동3가 트리플랙스)
Tel (02) 704-0900 **팩시밀리** (02) 703-5117
홈페이지 www.bookcamp.co.kr
e-mail changbook1@hanmail.net
ISBN 979-11-9880107-4 13740
정가 18,000원

꾸러기 영어마을

1단계

글 최기영 **그림** 이경택

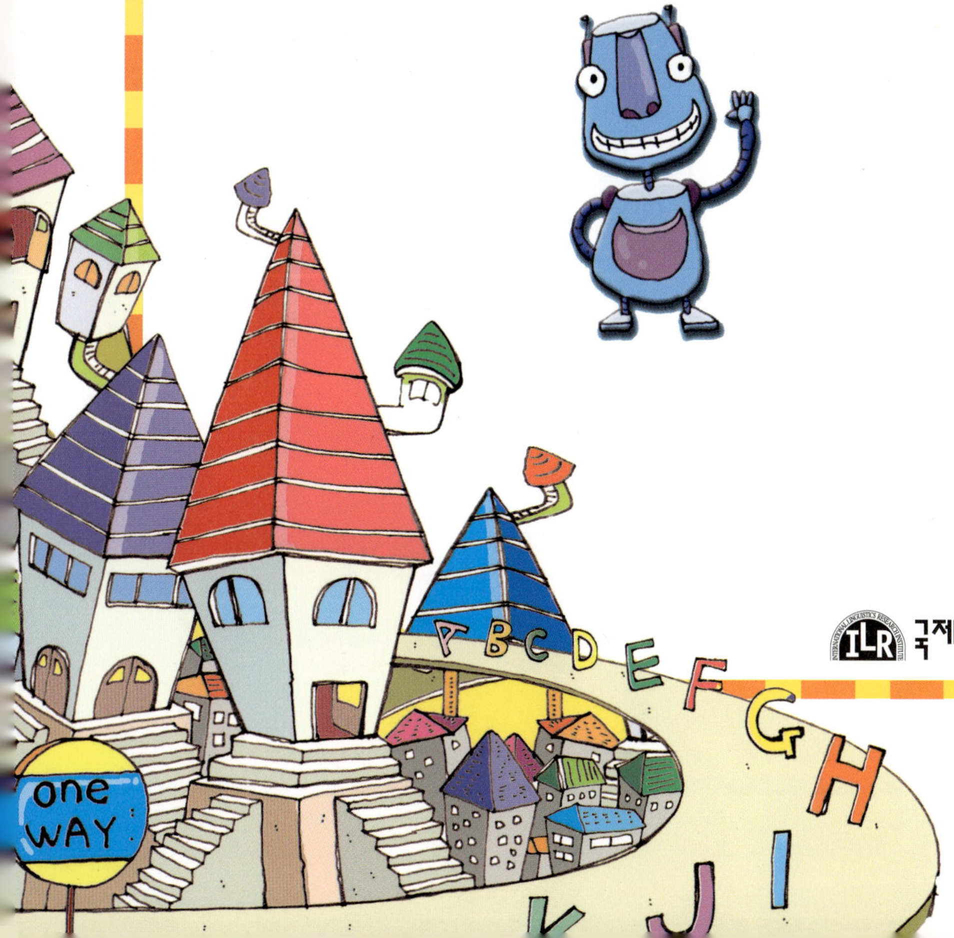

국제어학연구소

머리말

우리 아이들의 희망을 위하여!
그리고 교육의 열정으로 사시는 선생님들과
부모님들의 자부심을 위하여!!

영어가 범람하고 있습니다.

교재의 홍수 속에 무엇으로 공부하고 시켜야 할지가 고민이 되고 있습니다. 사실 여러 경우에 제대로 연구되지 못하고 상업성에 치우친 불성실한 교재들로 상처를 받는 이들이 있습니다.

여기 꾸러기 영어마을은 아이들의 심성과 호기심에 비추어 재미를 가지고 배우고 익힐 수 있도록 성실하게 연구되고 현장에서 실천되었던 알찬 교재입니다.

정부가 지정한 초등영어단어 900개에다 실제 국제영어에서 필요한 600여 단어까지 모두 1500여 단어를 섭렵할 수 있으며, 실생활에 필요한 핵심 300 패턴의 문장을 자연스럽게 몸에 배도록 구성하였습니다.

값이 비싼 여느 외국 수입 교재와 비교하여도 손색이 없을뿐더러 오히려 우리아이들의 정서에 감성적으로 다가갈 수 있으며 수입 교재가 가지는 영어와의 문화적 충돌이나 괴리를 느끼지 않고 학습될 수 있는 최대의 강점이 있습니다.

한편, 세상에 어린이 스스로 학습할 수 있는 외국어 교재는 없습니다.

반드시 부모님이나 선생님의 이끌어 주셔야 하는 것입니다. 무작정 아이에게 맡겨버리는 식의 외국어 교육이란 어불성설입니다.

이 점에서 꾸러기 영어마을은 가이드북 없이도 이 교재만 가지고도 누구나 아이와 함께 학습을 영위할 수 있다는 것 또한 장점이라 하겠습니다.

여기에 몇 가지 영어 학습의 중요점에 대하여 말씀드립니다.

영어는 우리말과 많은 차이를 가지는 외국어입니다. 그럼에도 불구하고 발음에 연연하고 네이티브라고 하는 것에 매몰되어 우리 아이의 주체성이 상실되고 급기야 아이의 혀를 자르는 우를 범하는 사례가 우리 사회에 있습니다.

외국어를 배우는 이유는 의사소통입니다. 완벽하지 않으나 유효적절한 문법을 구사할 줄 알고 상대가 알아들을 수 있는 정도의 발음이면 됩니다.

거꾸로 우리나라에 와 있는 외국인들의 발음이 매우 어색하고 문법이 많이 틀려도 의사소통이 가능하면 서로 어울릴 수 있는 것과 같습니다.

물론 발음도 좋고 문법도 능숙하면 얼마나 좋은 일이겠습니까?

우리가 바랄 수 있는 한도 이상의 것을 아이에게 요구하여 그 아이가 일찌감치 영어에 벽을 쌓아버리게 하는 우를 범하지 않는 것이 중요합니다.

꾸러기 영어마을은 비교적 고도의 단어와 문장 패턴까지 차근차근 다가갈 수 있도록 하였으며 그리하여 우리 아이로 하여금 키에 맞추어 학습해 나갈 수 있도록 배려한 보기 드문 교재라고 자부합니다.

모쪼록 꾸러기 영어마을이 우리 아이들의 희망이 될 수 있기를 바라며, 거기에 나아가 믿어 의심치 않으며 여러분에게 흔쾌히 권합니다.

건강한 삶이 되기를 빕니다.

저자 최 기 영

이 책의 구성

DIALOGUE

일상생활에서 자주 일어나는 상황을 대화로 따라해 보면서 회화를 공부해 보는 코너입니다. 이러한 회화를 평소에 반복적으로 사용하여 실제 상황에서 바로 활용해 보세요.

MORE

좀 더 응용된 회화를 배우는 코너입니다. 열심히 반복해서 따라해 보면 영어에 대한 자신감이 생겨 영어를 우리말처럼 말할 수 있게 됩니다.

A SONG, MEMORY IN THE RHYTHM

흥겨운 노래를 통해서 영어를 익혀 보세요. 이렇게 노래를 통해 배우다 보면 좀 더 즐겁게 영어를 접할 수 있습니다.

ACT

친구들끼리 스스로 역할을 바꾸어가면서 말해 보고 행동해 보는 코너입니다. 이러한 실천적인 학습을 하게 되면 영어에 더욱더 재미와 흥미를 가지고 공부할 수 있게 됩니다.

WORDS, PHONICS, RHYTHMS

영어의 글자와 소리와의 관계를 알아보는 코너입니다. 파닉스와 리듬에 맞춰 단어를 익혀 보세요. 알파벳의 소릿값을 알아야 영어를 읽음에 있어 쉽게 알아듣고 익힐 수 있게 됩니다.

WORK, WRITE THE LETTERS

영어에서 가장 기본이 되는 알파벳이나 단어와 문장을 써 보는 코너입니다. 대충 알고 있는 단어가 있다면, 문장을 써 보면서 확실히 익혀 두세요.

CONNECT

선 잇기를 통하여 단어나 문장들을 배울 수 있는 코너입니다. 그림을 통하여 쉽게 익힐 수 있도록 구성하였습니다.

mp3

네이티브 스피커가 녹음한 정확한 발음을 MP3를 다운 받아 반복적으로 듣고 따라 읽어 보세요.
발음과 회화, 듣기 실력이 몰라보게 향상될 것입니다.

차 례

1. What is the date today? (It's December 24.)
오늘이 며칠이야? (12월 24일.)

2. Are you going to school? (No, I'm going to church.)
너 학교에 갈거니? (아니, 나는 교회에 갈 거야.)

3. Take care! (OK. I'm just careful.)
조심하거라! (네, 조심할게요.)

4. How have you been? (I've been in Busan.)
어떻게 지내셨어요? (나는 부산에 있었단다.)

5. May I get you something? (Yes, You may.)
먹을 것 좀 줄까? (네, 좋아요.)

6. Stay safe! (No problem.)
조심하거라! (문제없어요.)

7. Is it OK, if I put it on? (Yes, you can.)
그것을 위에 걸어도 되나요? (그래, 괜찮아.)

8. Let me know your email address.
(Mine is bori879@hanmail.net.)
너의 이메일 주소 좀 알려줘. (bori879@hanmail.net. 이야.)

9. This is not good on you. (I think that is better.)
이것은 너에게 별로야. (제 생각에는 저것이 더 나아요.)

10. I will be an astronaut. (I hope to travel to the stars.)
나는 우주 비행사가 될 거야. (나는 별을 여행하고 싶어.)

11. What does Mrs. Mu plant? (That's a Nari flower.)
무 선생님은 무엇을 심으세요? (나리꽃이요.)

12. I don't know but you can. (I know but it isn't.)
나는 모르지만 넌 할 수 있어. (아는데 그거 아닌 거 같아.)

13. I hope you will get well soon.
(Yes, I will have to get well soon.)
빨리 나으세요. (네, 얼른 나아야지요.)

1

Hello! (Hi!)

안녕!

Hello! I'm Nara.
안녕, 나는 나라야.

Hi, Nara! I'm Sulgi.
안녕, 나라야, 나는 슬기야.

MORE 2step

Hi! I'm Nara.
안녕, 나는 나라야.

Hello, Nara! I'm Sulgi.
안녕, 나라야, 나는 슬기야.

Glad to meet you.
만나서 반가워.

Glad to meet you, too.
나도 만나서 반가워.

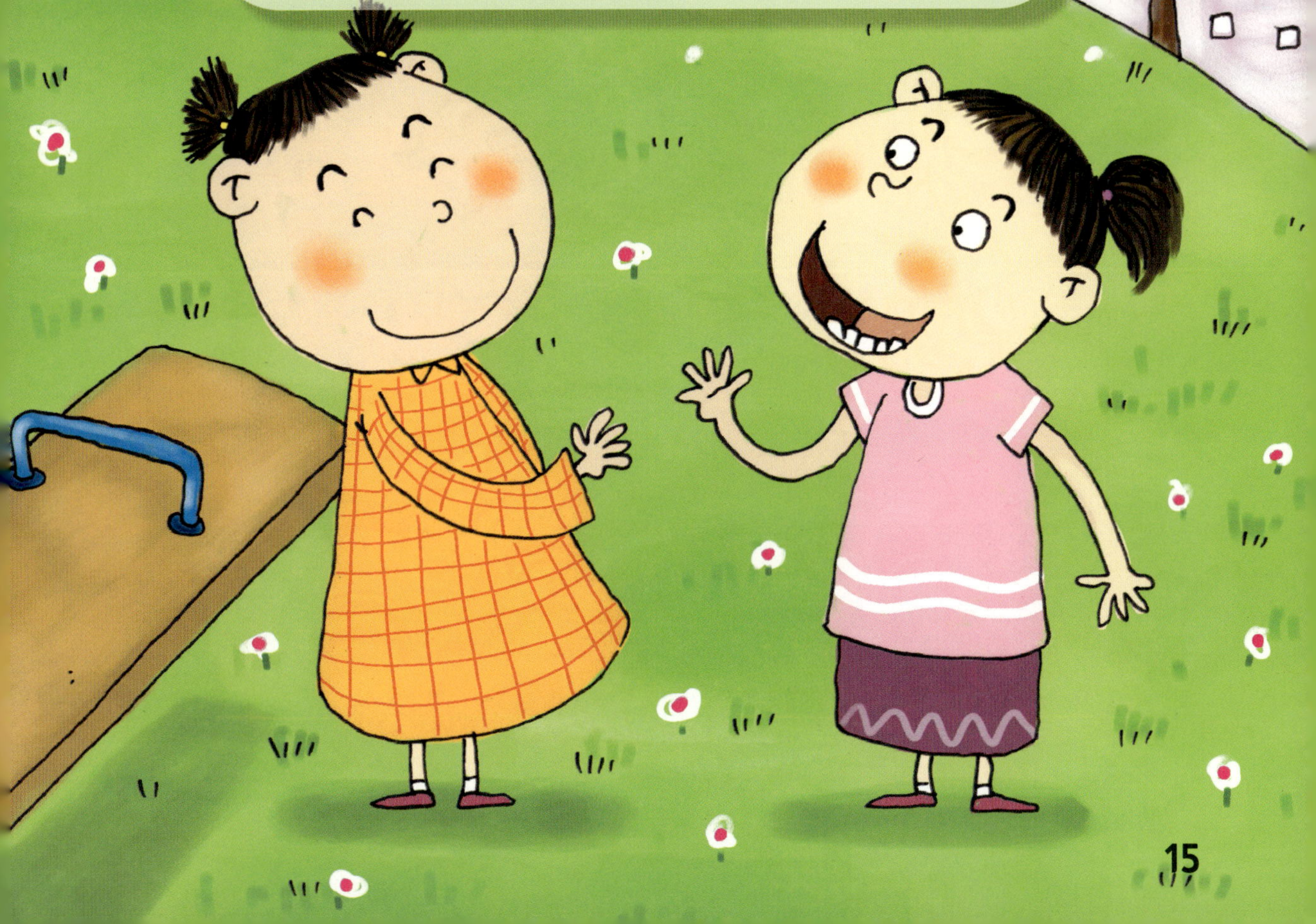

Hello, hello

Hello! Hello! Hello! Hello!
I am glad to meet you.

I am glad to meet you.
Hello! Hello! Hello! Hello!

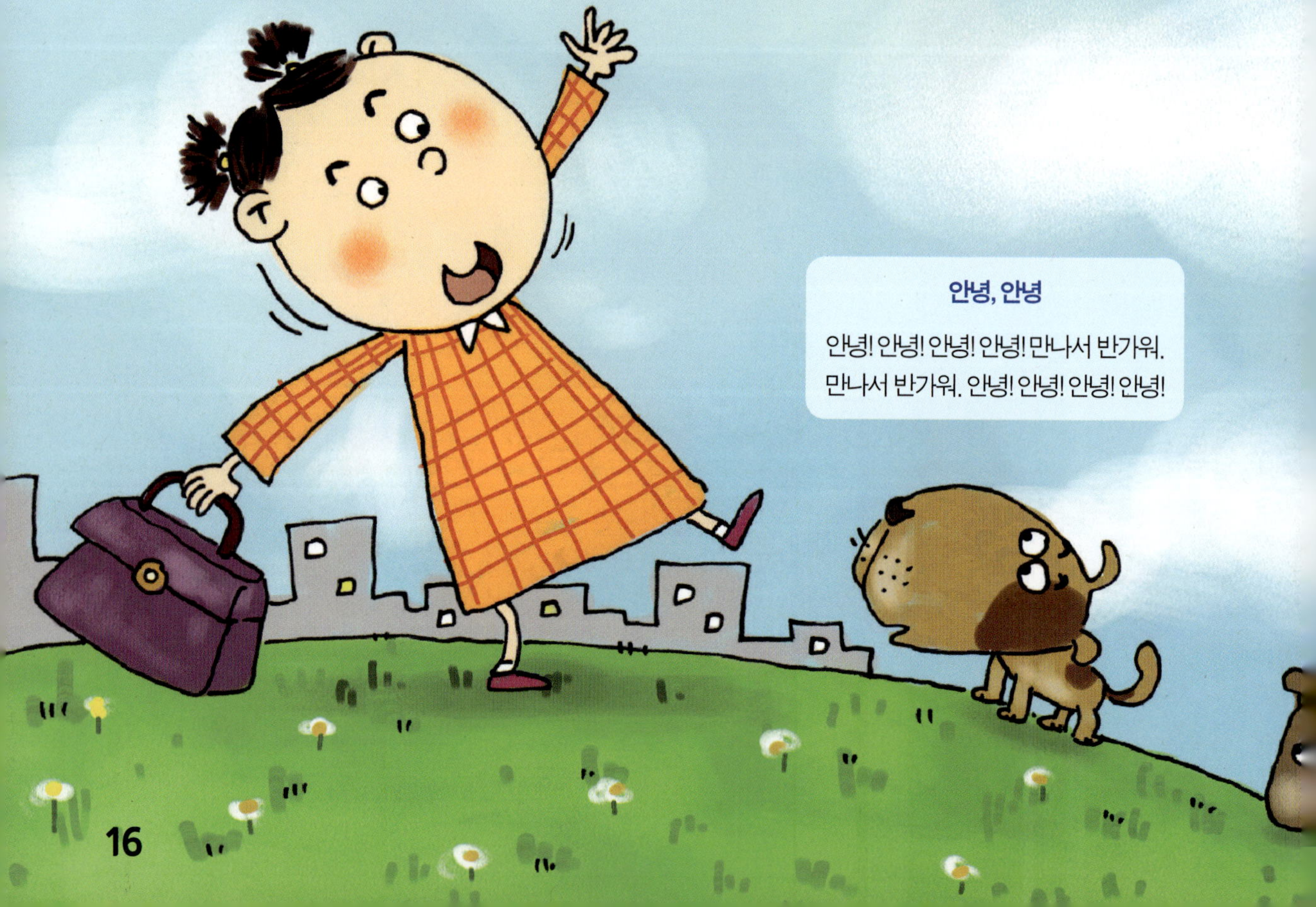

Go to the door, please.
문으로 가세요.

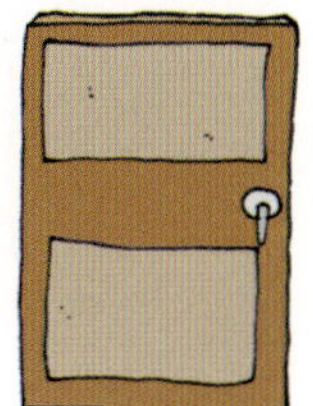

Open the door, please.
문을 여세요.

Close the door, please.
문을 닫으세요.

Come in, please.
들어 오세요.

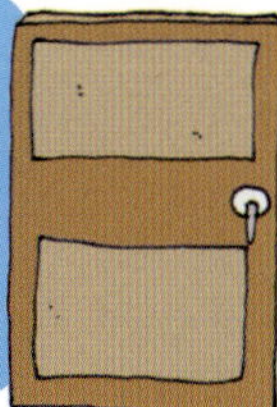

Go out, please.
나가세요.

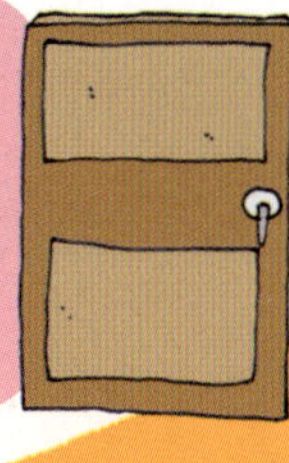

WORDS

an apple

a bag

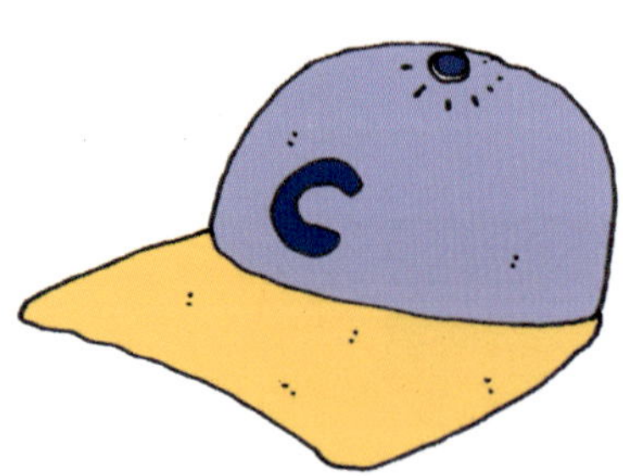

a cap

an ant

an arm

a cat

a **b**all

a **b**us

a **b**ook

a **b**anana

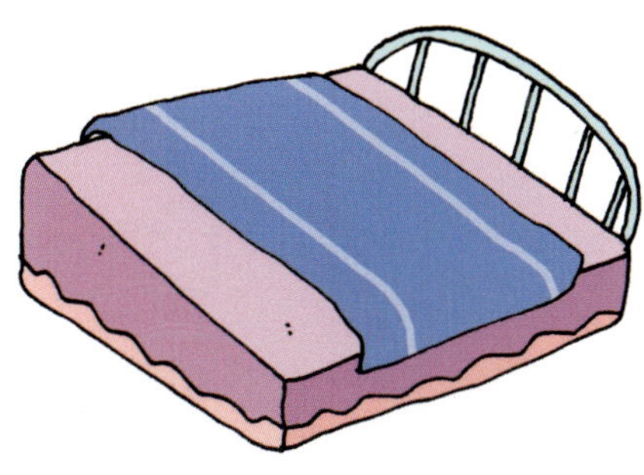

a **b**ed

a **b**at

6 step WORK

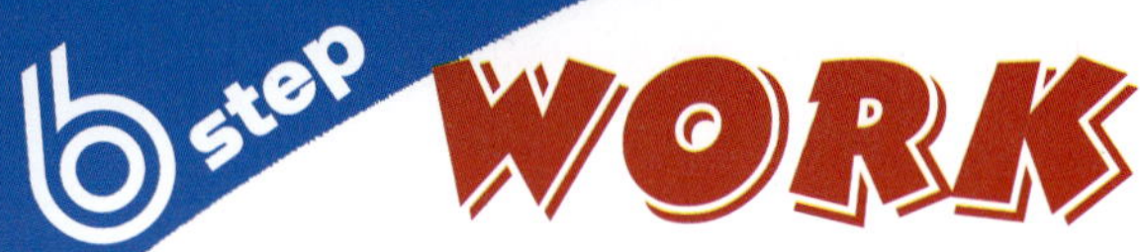

Aa

[ei]

에이

Aa Aa Aa Aa

Bb

[biː]

비–

Bb Bb Bb Bb

Cc

[siː]

씨–

Cc Cc Cc Cc

Dd

[diː]

디–

Dd Dd Dd Dd

Ee
[iː]
이-

Ee Ee Ee Ee

Ff
[ef]
에프

Ff Ff Ff Ff

Gg
[dʒiː]
쥐-

Gg Gg Gg Gg

Hh
[eitʃ]
에이취

Hh Hh Hh Hh

WORDS GAME

2

Good morning, Nara.
안녕, 나라야.

DIALOGUE

Good morning, Nara.
안녕, 나라야.

Good morning, Sulgi.
안녕, 슬기야.

MORE
2 step

Good afternoon, Nara.
안녕, 나라야.

Good afternoon, Sulgi.
안녕, 슬기야.

How are you?
잘 지내니?

I'm fine, thank you. And you?
응, 고마워, 너는?

I'm OK. Thanks.
좋아, 고마워.

A SONG

Good Morning to You

좋은 아침

좋은 아침이에요. 좋은 아침이에요.
좋은 아침이에요. 좋은 아침이에요.

파닉스와 리듬에 맞춰 문장을 익혀요.

Good afternoon.
안녕.(오후 인사)

Good evening.
안녕.(저녁 인사)

Good night.
잘자.(밤 인사)

Good bye.
잘가.(헤어질 때 인사)

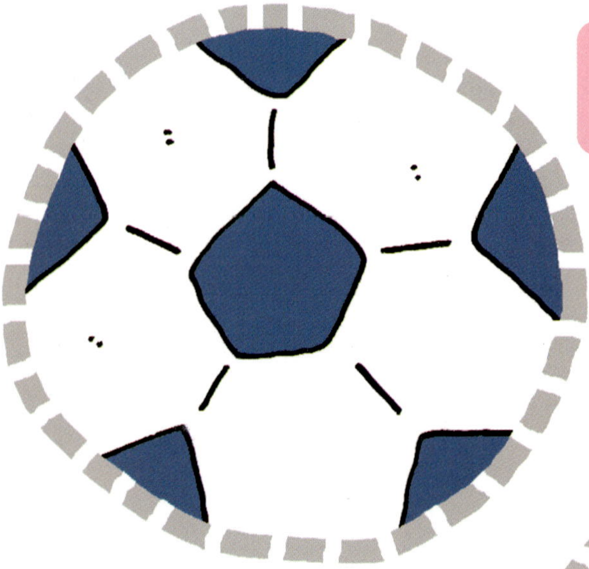

ball

book

cap

banana
dog
cup

Ii Ii Ii Ii Ii

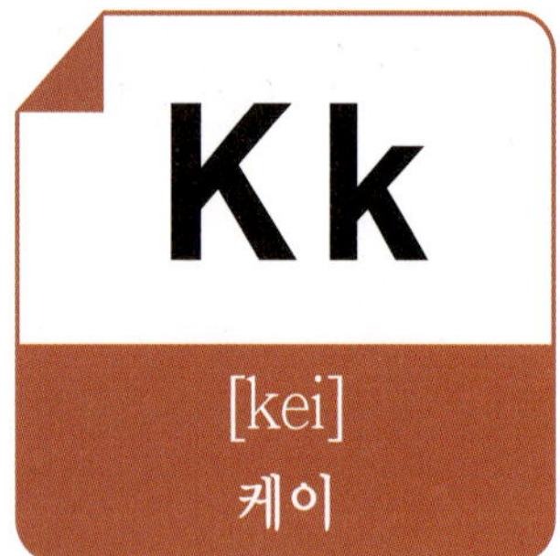

Jj Jj Jj Jj Jj

Kk Kk Kk Kk

Ll
[el]
엘

Ll Ll Ll Ll Ll

Mm
[em]
엠

Mm Mm Mm

Nn
[en]
엔

Nn Nn Nn Nn

Oo
[ou]
오우

Oo Oo Oo Oo

Pp
[piː]
피-

Pp Pp Pp Pp

CONNECT

다음 문장에 알맞은 그림을 연결해 봐요.

Good afternoon.

Good evening.

Good bye.

Good night.

3

Are you a Robot?
(Yes, I am.)

너는 로봇이니?
(응, 그래.)

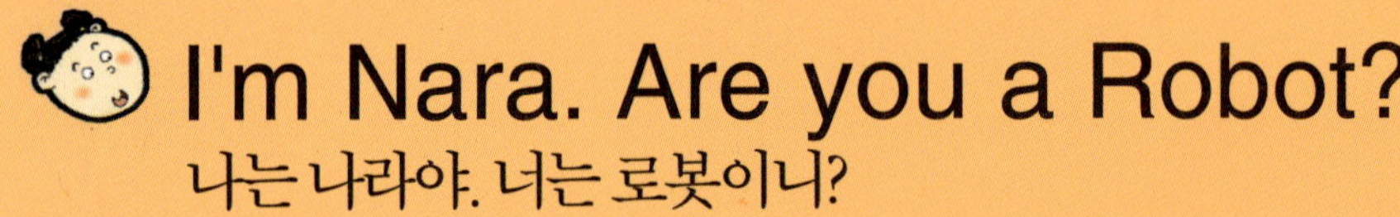

I'm Nara. Are you a Robot?
나는 나라야. 너는 로봇이니?

Yes, I am.
응. 그래.

What's your name?
너의 이름이 뭐니?

My name is Romchi.
내 이름은 롬치야.

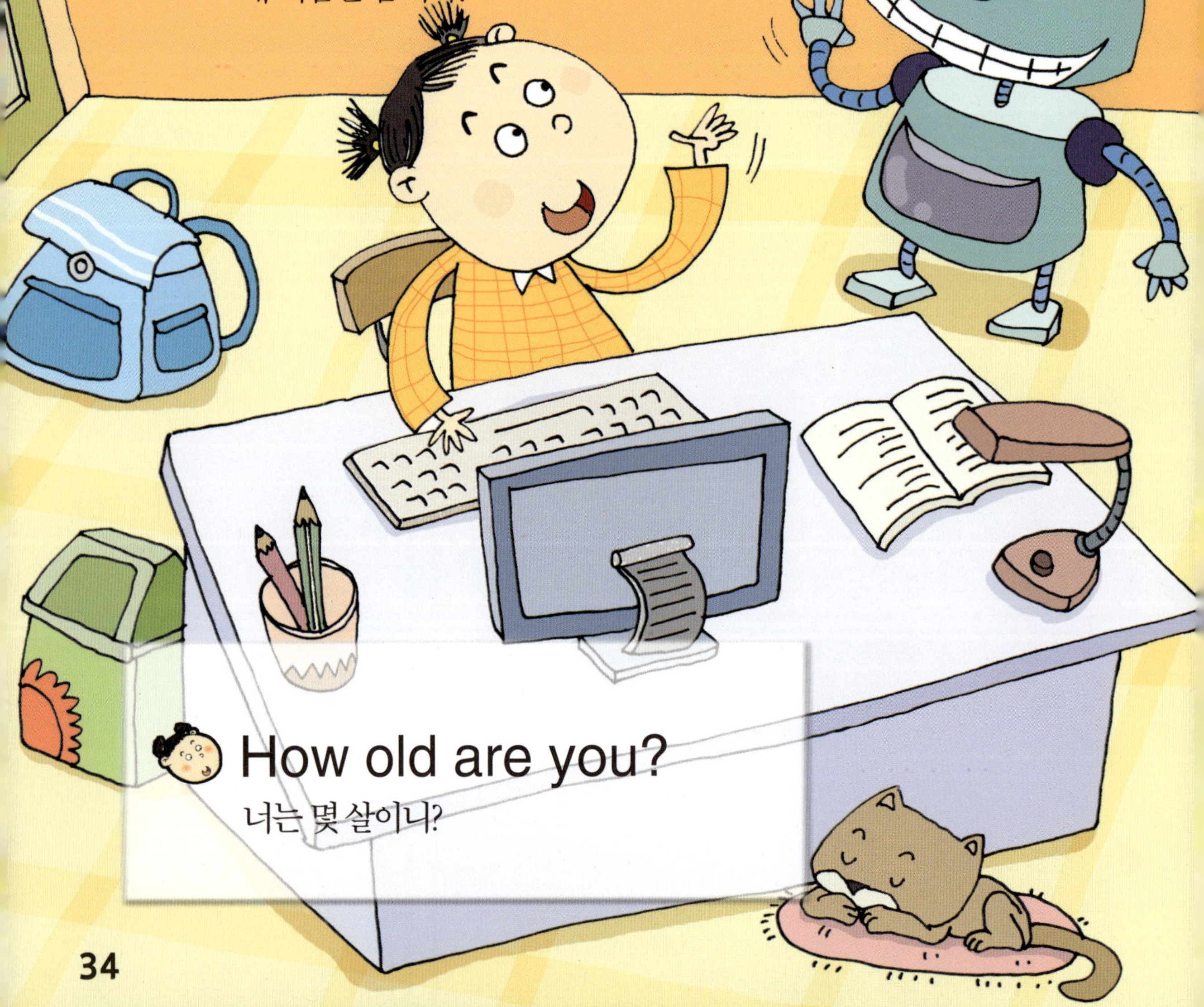

How old are you?
너는 몇 살이니?

34

Excuse me, can I help you?
잠깐만, 내가 도와줄까?
I want a cup of milk.
우유 마시고 싶어.
Here you are.
여기 있어.
Thank you. I'm happy.
고마워. 난 행복해.
MORE
2 step

Are you a student? 너는 학생이니?

Yes, I am. I am a student. 네, 저는 학생이에요.

Are you a girl? 너는 소녀니?

No, I am not. I am a boy. 아니요. 저는 소년이에요.

Are you a teacher? 당신은 선생님입니까?

Yes, I am. I am a teacher. 네, 저는 선생님입니다.

Are you a nurse? 당신은 간호사입니까?

No, I am not. I am a doctor. 아니요, 저는 의사입니다.

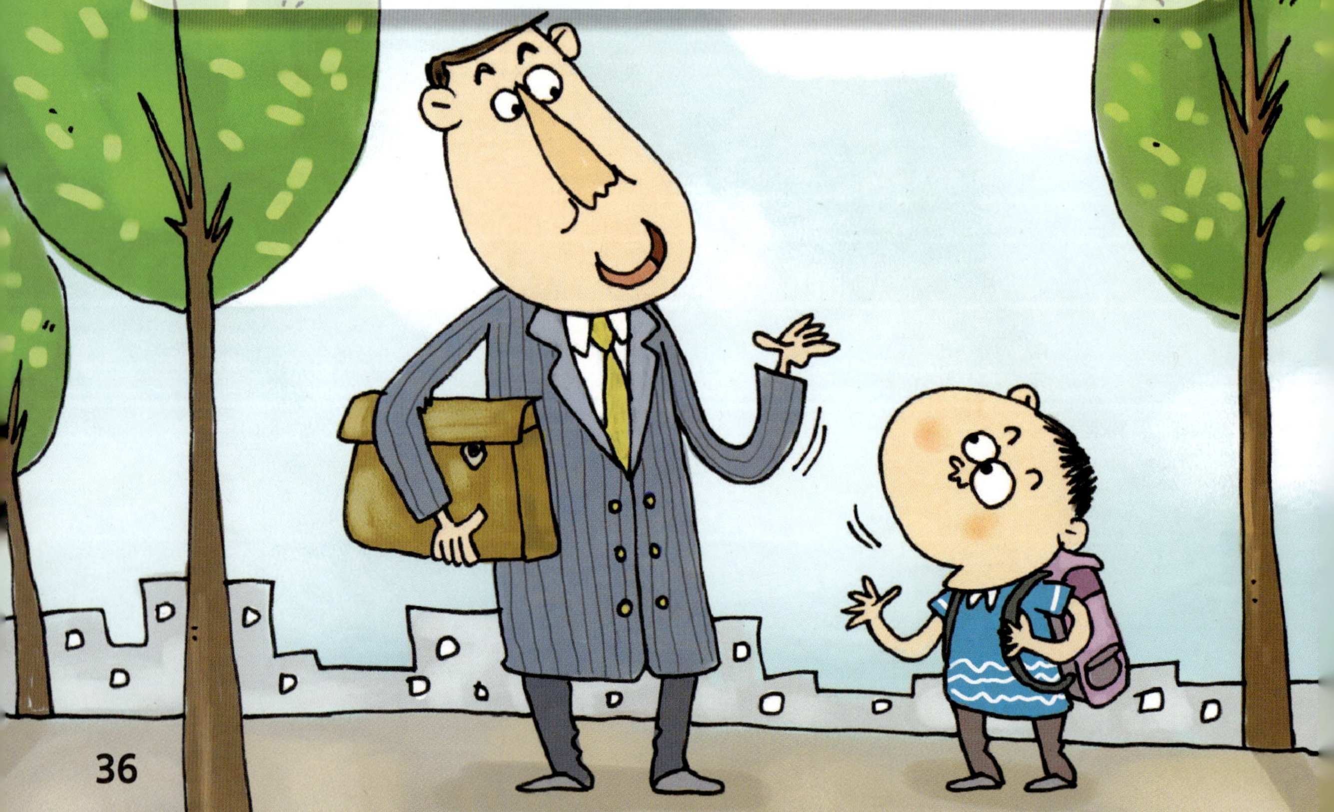

How old are you? → **I'm nine years old.**

당신은 몇 살입니까? → 나는 9살이에요.

나는 40살이에요.

→ ________________________ .

나는 36살이에요.

→ ________________________ .

 그림을 보고 빈 칸에 빠진 글자를 채워 넣어 보아요.

  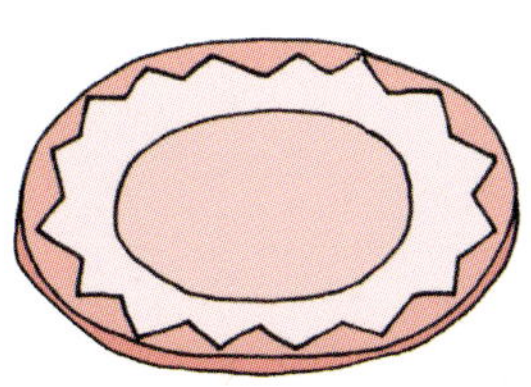 

doc__or   d_sk   d__sh   do__

What's your name? → **My name is Tom.**

너의 이름은 뭐니? → 내 이름은 탐입니다.

내 이름은 나라입니다.

→ ____________________.

내 이름은 콤치입니다.

→ ____________________.

내 이름은 슬기입니다.

→ ____________________.

내 이름은 미스 듀입니다.

→ ____________________.

내 이름은 롬치입니다.

→ ____________________.

WRITE THE LETTERS

빈 칸에 빠진 글자를 채워 넣어 단어를 완성해 보아요.

c__r

ca__dy

cam__ra

co__

a **c**ar

a **c**up

a **c**amera

a **c**andy

a **c**ow

a **c**at

a **d**octor

a **d**esk

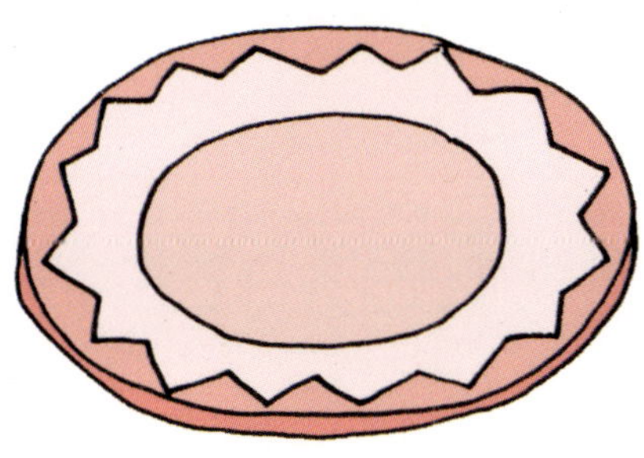

a **d**ish

a **d**og

a **d**uck

a **d**rum

POINT TO SAY

1. **I am Nara.** 나는 나라입니다.

2. **You are Sulgi.** 너는 슬기입니다.

3. **He is a policeman.** 그는 경찰관입니다.

4. **She is an actress.** 그녀는 여배우입니다.

5. **The woman is pretty.** 그 여자는 예뻐요.

6. **The man is handsome.** 그 남자는 잘생겼어요.

7. **The box is big.** 그 상자는 커요.

8. **The bird is small.** 그 새는 작아요.

WRITE THE LETTERS

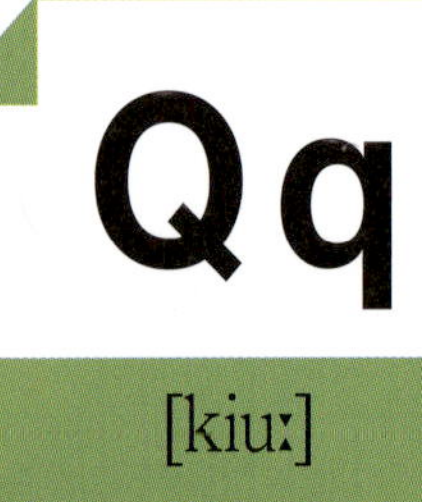

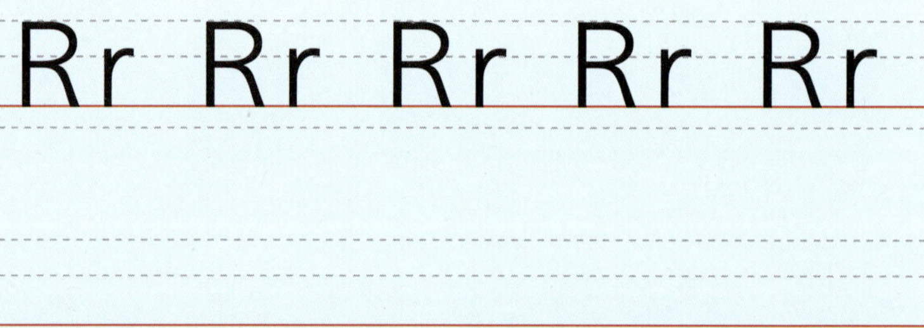

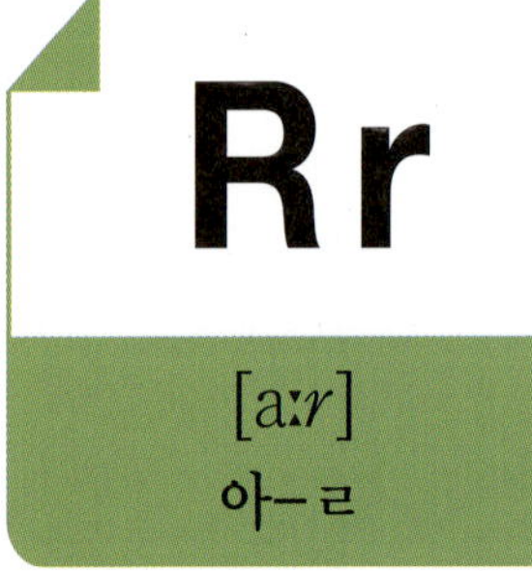

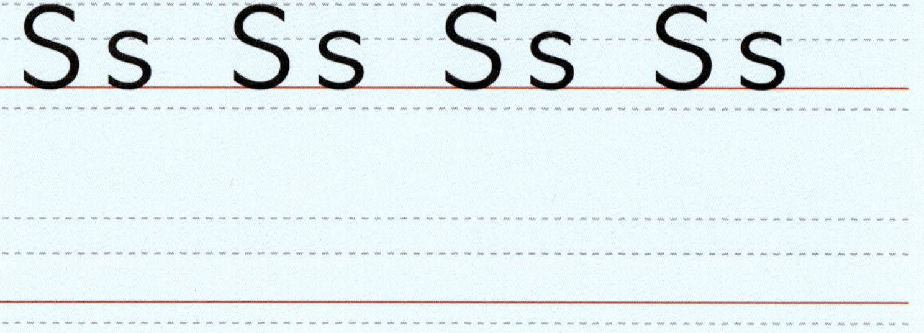

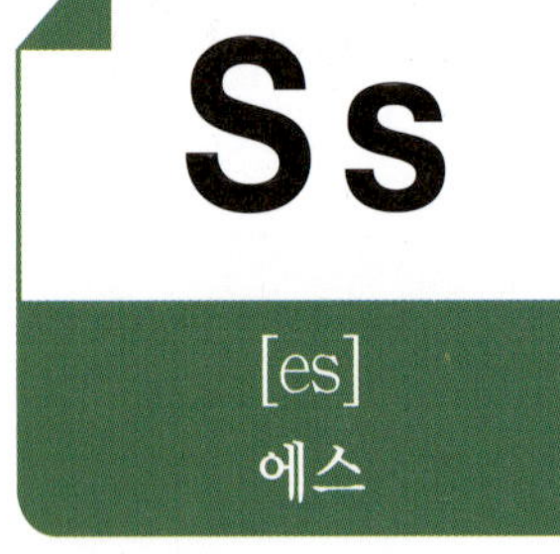

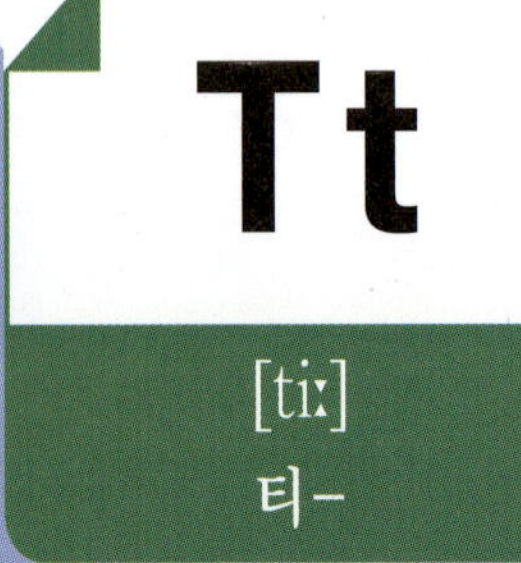

4

Who's that?
(He is my father.)

저 사람은 누구니?
(그는 나의 아빠야.)

Who's that?
저 사람은 누구니?
That's my father.
우리 아빠야.
Your father is tall.
키가 크시네.
My mother is short.
엄마는 작아.

MORE
2 step
Who's she?
그녀는 누구니?
She is my sister.
우리 언니야.
Is that your brother?
저 사람은 너의 남동생이니?
No, it isn't.
아니.
This is my brother.
이 사람이 내 남동생이야.

MEMORY IN THE RHYTHM

who's he?

Who's he? He is my uncle.
Who's she? She is my teacher.
Who's he? He is my cousin.
Who's she? She is my aunt.

그는 누구니?

그는 누구니? 그는 나의 삼촌이야.
그녀는 누구니? 그녀는 나의 선생님이셔.
그는 누구니? 그는 내 사촌이야.
그녀는 누구니? 그녀는 나의 이모이셔.

① 
② 
③ 

n	a	s	n	r	m	c	t	x
u	y	s	t	u	d	e	n	t
r	m	b	y	f	k	v	d	n
s	o	v	x	a	z	r	o	p
e	i	g	h	t	b	x	c	l
m	h	i	q	w	o	m	t	n
w	a	r	e	s	y	y	o	i
k	r	l	t	g	j	k	r	w
x	y	l	o	p	h	o	n	e

④  
⑤ 
⑥ 
⑦ 

an eagle

an egg

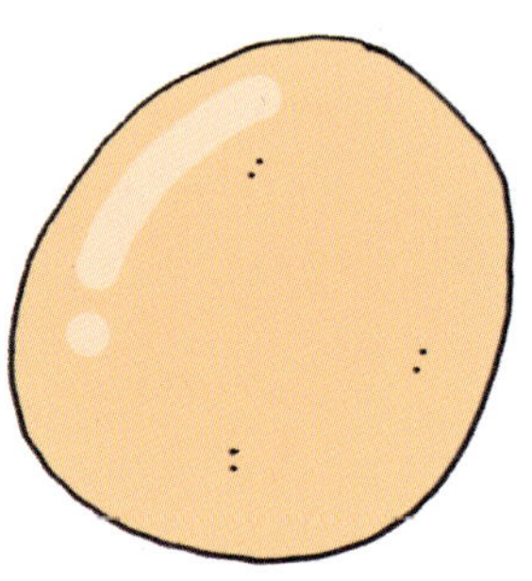

an earth

a pen

a pencil

an eraser

a **f**rog

a **f**lower

a **f**ish

a **f**ly

a **f**ruit

a **f**inger

CONNECT

father

brother

sister

mother

그림을 보고 알맞은 단어를 골라 선을 그어 보아요.

driver

teacher

singer

keeper

HEAR AND DO

'SAY' PLEASE!

쎄이 플리즈 놀이를 해 봐요.

 Stop!

멈춰!

Say "please"

'플리즈' 라고 말해.

 Stop, please.

멈춰요.

 Stand up.

일어나.

Say "please"

'플리즈' 라고 말해.

 Stand up, please.

일어나세요.

a/an

book이나 desk와 같이 하나, 둘 셀 수 있는 것이 하나일 때에는 반드시 그 단어 앞에 a를 붙입니다. a는 우리말로 굳이 해석하지는 않습니다. 이렇게 a는 아직 정해져 있지 않은 하나의 단어 앞에 씁니다.

She is **a** teacher. 그녀는 선생님입니다.
It isn't **a** cat. 그것은 고양이가 아닙니다.
I have **a** toy. 나는 장난감을 가지고 있습니다.

그러나 water는 한 개의 물, 두 개의 물, 이런 식으로 셀 수 없습니다. 이럴 경우에는 a를 붙이지 않습니다.

This is water. 이것은 물입니다.
I like milk. 나는 우유를 좋아합니다.
I don't like coffee. 나는 커피를 싫어합니다.

apple이나 umbrella와 같이 단어의 첫소리가 모음(a, e, i, o, u)소리가 날 때 시작하는 단어 앞에는 부정관사 an을 붙입니다.

Is this **an** elephant? 이것은 코끼리입니까?
He is **an** uncle. 그는 삼촌입니다.
That is **an** ink. 저것은 잉크입니다.

인칭은 1인칭, 2인칭, 3인칭의 세 가지가 있습니다.

1인칭 나(I), 우리(We)
2인칭 너/너희들(You)
3인칭 I와 You를 제외한 다른 사람으로, 그녀(She), 그(He), 그것(It), 그들/그것들(They)을 말합니다.

각 인칭에 따라 사용하는 동사가 다릅니다.

I am a doctor. **나는** 의사입니다.
She is a nurse. **그녀는** 간호사입니다.
It is a chair. **그것은** 의자입니다.
They are in the playground. **그들은** 운동장에 있습니다.
We are very tired. **우리는** 매우 피곤합니다.

인칭	주어	동사	인칭	동사
1인칭	I	am	We	
2인칭	You	are	You	
3인칭	He		They	are
	She	is		
	It			

5

What's this?
(It's a computer.)

이것은 무엇입니까?
(그것은 컴퓨터입니다.)

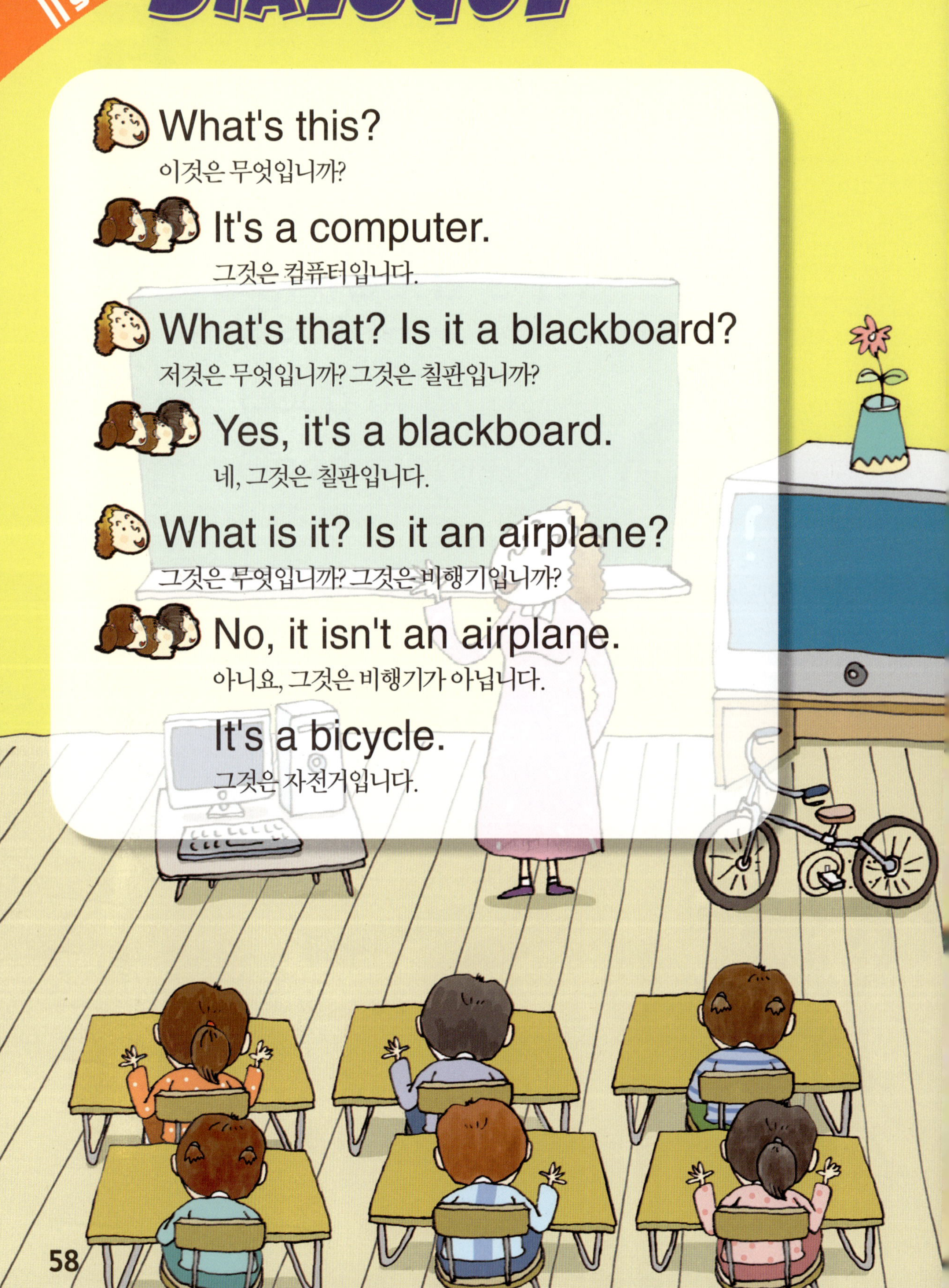
What's this?
이것은 무엇입니까?
It's a computer.
그것은 컴퓨터입니다.
What's that? Is it a blackboard?
저것은 무엇입니까? 그것은 칠판입니까?
Yes, it's a blackboard.
네, 그것은 칠판입니다.
What is it? Is it an airplane?
그것은 무엇입니까? 그것은 비행기입니까?
No, it isn't an airplane.
아니요, 그것은 비행기가 아닙니다.
It's a bicycle.
그것은 자전거입니다.

This is a table. Is this a table?

이것은 탁자입니다. 이것은 탁자입니까?

Yes, it is.

네, 맞습니다.

That is a door. Is that a door?

저것은 문입니다. 저것은 문입니까?

No, it isn't. It's a window.

아니요, 그렇지 않습니다. 그것은 창문입니다.

What's this? It's a computer.

이것은 무엇입니까? 그것은 컴퓨터입니다.

What's this? It's a computer.

What's that? It's a blackboard.

저것은 무엇입니꺄? 그것은 칠판입니다.

What's that? It's a blackboard.

What is it? It's a bicycle.

그것은 무엇입니까? 그것은 자전거입니다.

What is it? It's a bicycle.

Is it an airplane? No, it isn't.

그것은 비행기입니까? 아닙니다.

Is it an airplane? No, it isn't.

what is it?

1. It has no legs.

2. It has no wings.

3. It lives in the sea, but it isn't a fish.

4. It has a tail.

5. It's an animal.

그것은 무엇일까요?

① 그것은 다리가 없어요.
② 그것은 날개가 없어요.
③ 그것은 바다에 살지만, 고기는 아니에요.
④ 그것은 꼬리가 있어요.
⑤ 그것은 동물이에요.

WORDS

파닉스와 리듬에 맞춰 단어를 익혀요.

a **g**lass

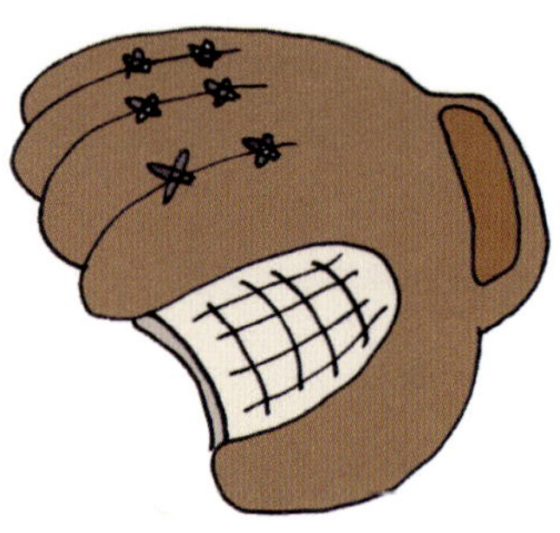

a **g**love

a **g**rape

a **g**rass

a **g**oat

a **g**uitar

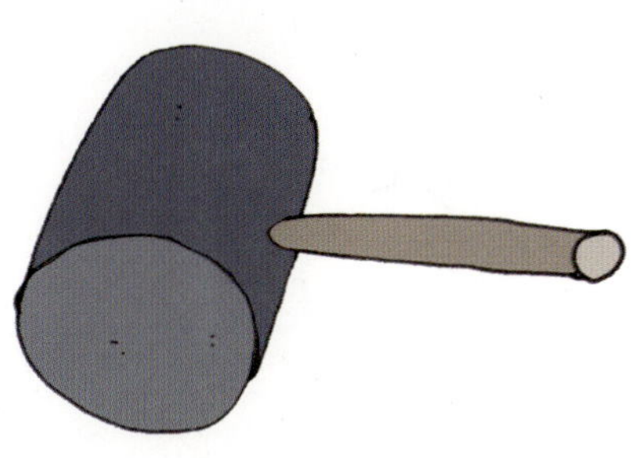

a **h**ammer

a **h**en

a **h**orse

a **h**ouse

a **h**at

a **h**ippo

a white rabbit

a gray kangaroo

an orange fox

a black lion

다음 그림들을 색칠해 보아요.

a blue whale

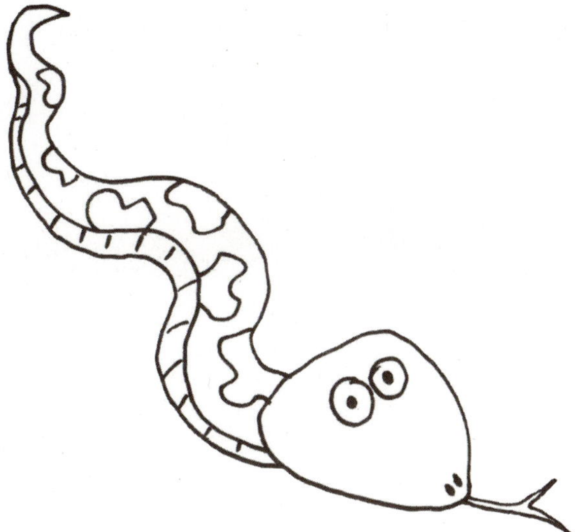

a red snake

a white sheep

a brown bear

WRITE THE LETTERS

Uu [juː] 유ー

Uu Uu Uu Uu

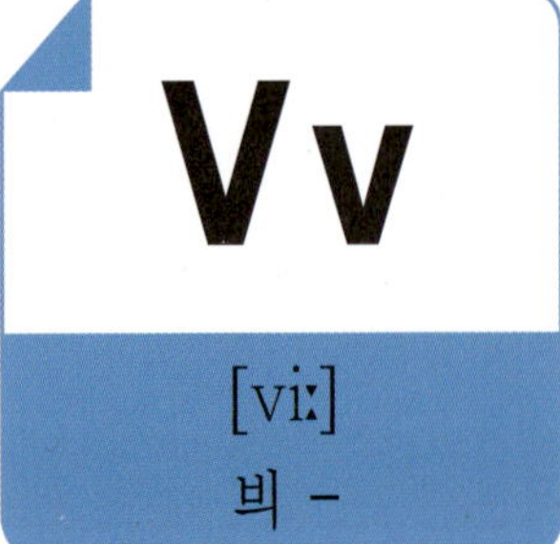

Vv [viː] 브ー

Vv Vv Vv Vv

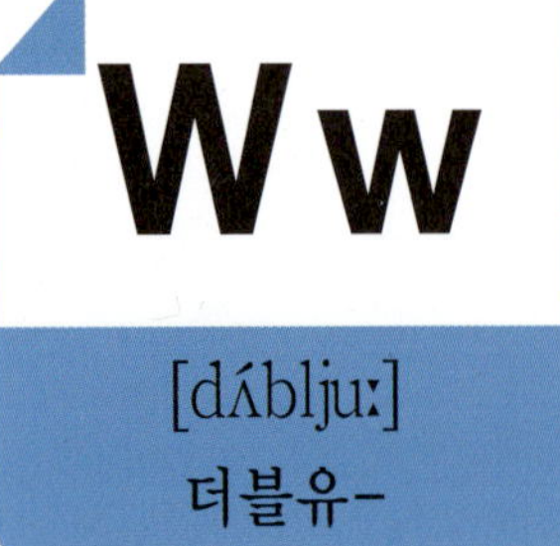

Ww [dʌ́bljuː] 더블유ー

Ww Ww Ww

Xx [eks] 엑스

Xx Xx Xx Xx

How many circles?
(10 circles.)
동그라미가 몇 개 있나요?
(10개 있어요.)

How many circles?
동그라미가 몇 개 있나요?
Two.
두 개요.
How many triangles?
삼각형이 몇 개 있나요?
Three.
세 개요.
How many squares?
사각형이 몇 개 있나요?
Four.
네 개요.

2 step

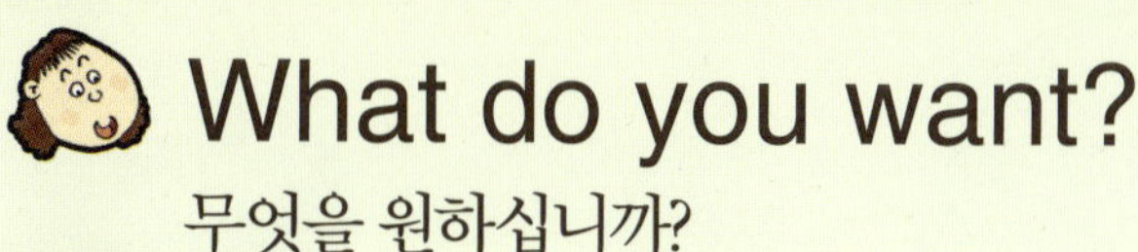
MORE

What do you want?
무엇을 원하십니까?
I want a doll.
저는 인형을 원해요.
How about this doll?
이 인형 어때요?
How much is it?
얼마예요?
It's 10 dollars.
10달러예요.
$

WORDS

파닉스와 리듬에 맞춰 단어를 익혀요.

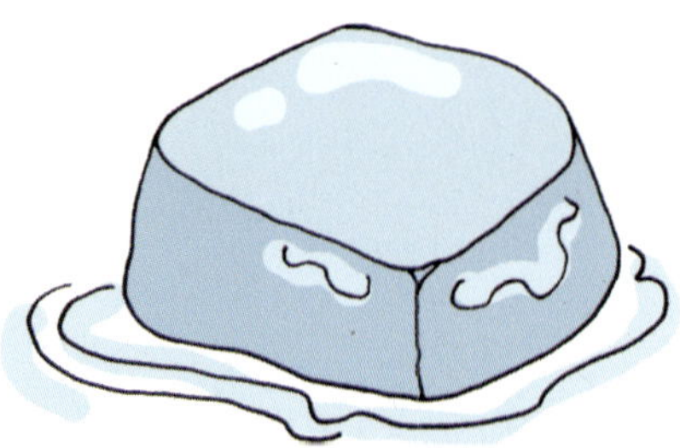

an **i**ce

an **i**nk

an **i**sland

an **i**ron

an **i**gloo

an **i**nsect

a **j**acket

a **j**am

a **j**ar

a **j**ug

a **j**ungle

a **j**et

ACT
MAKE GOODS, AND MARKET IN PLAY

A Can I help you?

B Yes, please.

A OK. What do you want?

B I want a(an) __________.

A : 도와 드릴까요?
B : 네.
A : 무엇을 원하세요?
B : 저는 _____을 원해요.

A How about this __________?

B I like it.
How much is it?

A It's 10 dollars.

B OK. I'll take it.

A : 이 _____ 어때요?
B : 맘에 들어요.
    얼마예요?
A : 10달러예요.
B : 좋아요. 사죠.

73

How many circles?

동그라미가 몇 개입니까?

How many circles?

How many triangles?

삼각형이 몇 개입니까?

How many triangles?

How many squares?

사각형이 몇 개입니까?

How many squares?

What do you want?

무엇을 원하십니까?

What do you want?

I want a doll.

저는 인형을 원해요.

I want a doll.

How about this doll?

이 인형 어때요?

How about this doll?

How much is it?

얼마입니까?

How much is it?

It's ten dollars.

10달러입니다.

It's ten dollars.

A GAME

Q How many trees are there?

A Five.

Q How many apples in the basket?

A Seven.

Q How many fishes in the jug?

A Three.

Q How many flowers in the picture?

A Nine.

Can you draw me?
(Yes, I can.)

너는 나를 그릴 수 있니?
(응, 나는 할 수 있어.)

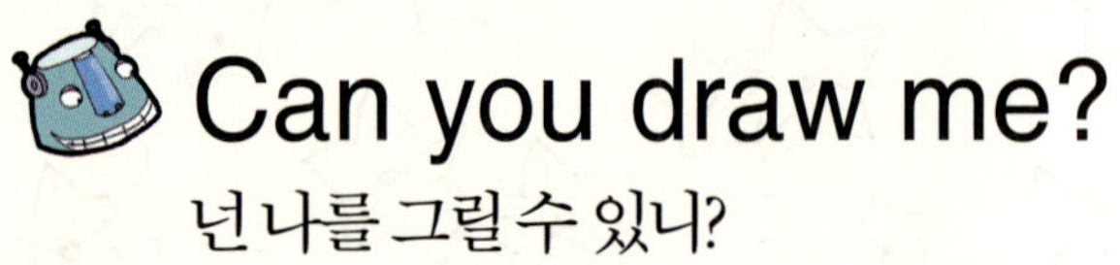

Can you draw me?
넌 나를 그릴 수 있니?

Yes, I can.
응, 나는 할 수 있어

I can't draw you.
난 너를 못 그려.

But I can help you.
하지만 도와줄게.

Can you clean my room?
내 방을 청소해 줄 수 있니?

Yes, I can.
응, 할 수 있어

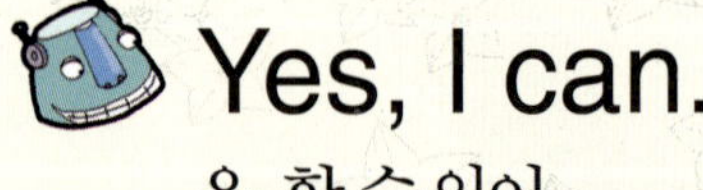

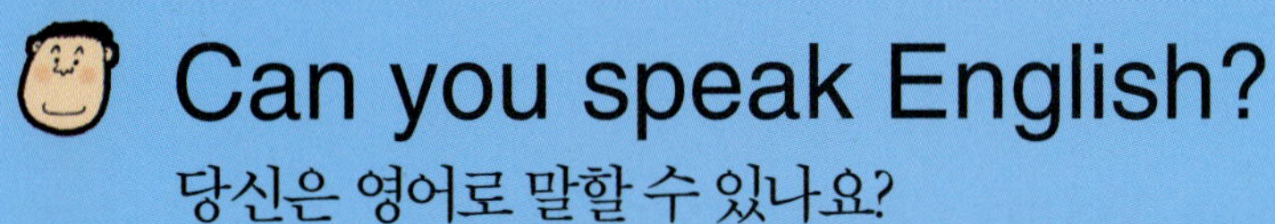

Can you speak English?
당신은 영어로 말할 수 있나요?

Yes, I can.
예, 할 수 있어요.

I can speak English well.
전 영어로 말을 잘 해요.

Can you teach me?
저에게 가르쳐 주시겠어요?

I'm sorry, I can't now.
미안합니다만, 지금은 안 돼요.

1

Can you play baseball?

Yes, I can. What about you?
I can't play well.
But I can play football.

2

Can you play the violin?

Yes, I can. What about you?
I can't play well.
But I can play the piano.

1. 너는 야구 할 수 있니?	2. 넌 바이올린 연주할 줄 아니?
응, 할 수 있어. 넌 어때?	응, 할 수 있어. 넌 어때?
난 못해.	난 못해.
하지만 축구는 할 수 있어.	그러나 피아노는 칠 수 있어.

3

Can you play tennis?

Yes, I can. What about you?
I can't play tennis.
But I can play badminton.

4

Can you ski?

Yes, I can. What about you?
I can't ski.
But I can skate.

3. 넌 테니스 칠 줄 아니?

응, 할 수 있어. 넌 어때?
난 테니스는 못 해.
그러나 배드민턴 칠 줄 알아.

4. 너 스키 탈 수 있어?

응, 할 수 있어. 넌 어때?
난 못 타.
하지만 스케이트는 탈 수 있어.

a king

a kite

a knife

a key

a kitchen

a koala

a lamp

a leg

a lion

a doll

a ladder

a lemon

WORK

(long)

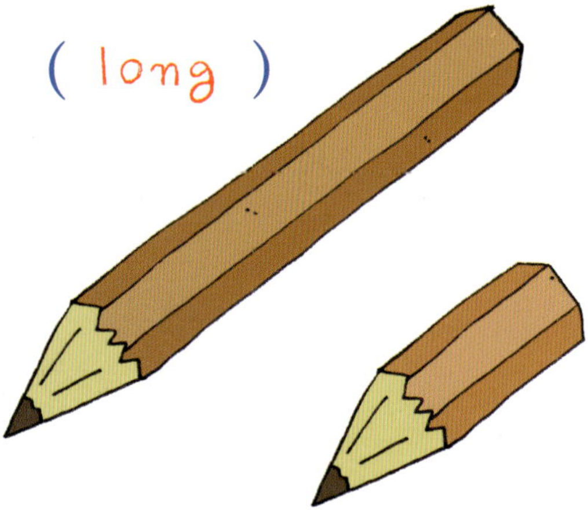

(short)

(   )

(   )

(   )

(   )   (   )

(   )

BIG AND SMALL

A DIARY

영어로 일기를 써 보아요.

I can swim

Date : Tue., June 5

I like soccer and swimming.

I can swim very well.

I swim on weekends.

I go swimming three times a week.

8

Let's count!
(From 1 to 100)

세어보자!
(1에서부터 100까지)

DIALOGUE

Let's count the balls!
공을 세어 보아요.
One, two, three, four, five, six,
하나, 둘, 셋, 넷, 다섯, 여섯,
seven, eight, nine, ten, eleven.
일곱, 여덟, 아홉, 열, 열하나.

How many balls are there?
공이 몇 개가 있지요?
Eleven.
열 한개요.

파닉스와 리듬에 맞춰 단어를 익혀요.

a monkey

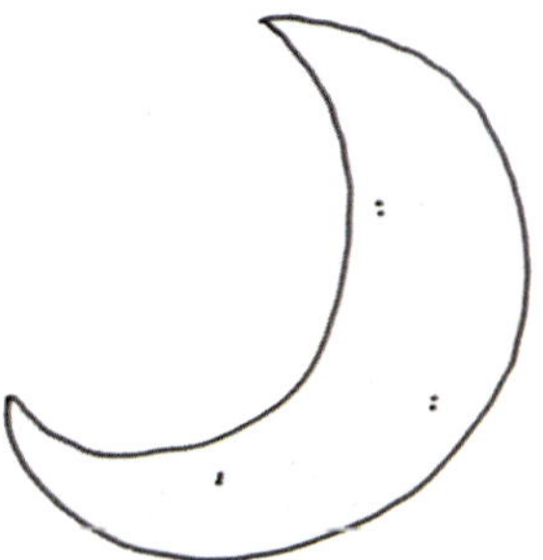

a moon

a mouse

a mouth

a magnet

a mug

a **n**ose

a **n**otebook

a **n**umber

a **n**urse

a **n**est

a **n**ut

30 — thirty — thirty / thirteen / three

100 — ten / hundred / one

18 — eight / eighty / eighteen

95 — nineteen / nine / ninety-five

2 — twelve / two / twenty

11

twelve
eleven
thirteen

58

fifteen
five
fifty-eight

4

fourteen
four
forty

70

seventy
seven
seventeen

62

sixty-two
sixteen
six

1 **11 and 12 is 23.**

→ 11 더하기 12는 230이다.

2 **13 and 14 is 24.**

→ 13 더하기 14는 240이다.

3 **15 plus 16 is 31.**

→ 15 더하기 16은 310이다.

4 **17 plus 18 is 35.**

→ 17 더하기 18은 350이다.

5 **19 plus 20 is 39.**

→ 19 더하기 20은 390이다.

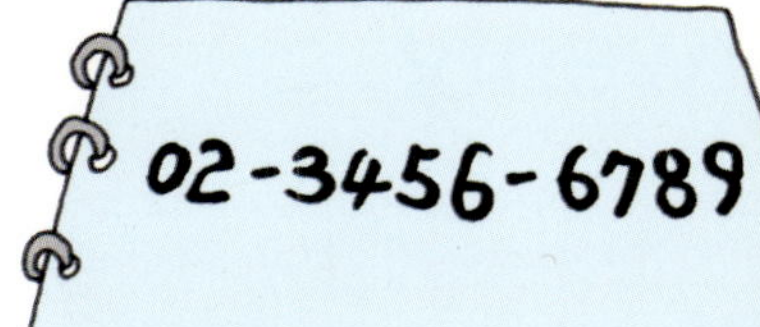

What's your phone number?

너의 전화번호가 어떻게 되니?

_______________________.

02-3456-6789.야.

What's your room number?

너의 방 번호가 어떻게 되니?

_______________________.

B-9876야.

What's your car number?

너의 자동차번호가 어떻게 되니?

_______________________.

Seoul 가 56 - 1234. 야.

숫자를 읽어 봐요.

1	one	20	twenty
2	two	30	thirty
3	three	40	forty
4	four	50	fifty
5	five	60	sixty
6	six	70	seventy
7	seven	80	eighty
8	eight	90	ninety
9	nine	100	one hundred
10	ten	1000	one thousand

소유격

'나의', '너의', '그의', '그녀의', '그들의'와 같이 누구의 소유임을 나타내는 것을 소유격이라고 합니다.

이러한 소유격은 누구의 것이냐에 따라서 다음과 같이 변합니다.

소유격	my (나의)	your (너의)	his (그의)	her (그녀의)	our (우리의)	their (그들의)

This is **his** mp3 player. 이것은 **그의** mp3입니다.

It is **my** money. 그것은 **나의** 돈입니다.

That is **your** skirt. 저것은 **너의** 스커트입니다.

Her name is Sally. **그녀의** 이름은 샐리입니다.

These are **our** T-shirts. 이것들은 **우리의** 티셔츠입니다

Those are **their** shoes. 저것들은 **그들의** 신발입니다.

They are **my** friends. 그들은 **나의** 친구들입니다.

Candy is in **her** bag. 사탕이 **그녀의** 가방 안에 있습니다.

GRAMMAR PLUS

단수와 복수

단 한 개, 단 한 사람과 같이 하나뿐인 것을 단수라 하고, 두 개 이상, 두 사람 이상일 경우를 복수라고 말합니다.

주어가 복수면 동사의 형태도 바뀌고, 단어도 복수로 바뀝니다.

단수 This is a chair. 이것은 의자입니다.
복수 These are chairs. 이것들은 의자들입니다.

단수 That is an orange. 저것은 오렌지입니다.
복수 Those are oranges. 저것들은 오렌지들입니다.

단수 He is a doctor. 그는 의사입니다.
복수 They are doctors. 그들은 의사들입니다.

단수 I am a nurse. 나는 간호사입니다.
복수 We are nurses. 우리는 간호사들입니다.

9

I have a body.
(I have two eyes.)

나는 몸이 있어요.
(나는 눈이 두개예요.)

DIALOGUE

Do you have a body?
너는 몸이 있니?

Yes, I do. I have a body.

This is my body.
나는 몸이 있어. 이게 나의 몸이야.

Do you have eyes?
너는 눈이 있니?

Yes, I do.
응, 있어.

I have two eyes.
나는 눈이 두개야.

1. **You have a cookie and I have one, too.**
너에게는 쿠키가 하나 있어, 나도 하나 있어.

2. **Do you have a red cap?**
No, I have a violet one.
너는 빨간 모자가 있니? 아니, 나는 보라색 모자가 있어.

3. **Is it a brown cat or a white one?**
It's a brown one.
그것은 갈색 고양이니? 흰색 고양이니? 그것은 갈색이야.

4. **He has a bike and I have one, too.**
그는 자전거가 있고 나도 역시 있어.

5. **I like this cake. I like that one.**
나는 이 케익이 좋아. 나는 그것이 좋아.

6. **This ball is small, but that one is big.**
이 공은 작지만, 저것은 커.

This is my book.
I have a book.

이것은 내 책이야. 나는 책을 가지고 있어.

This is my cat.
I have a cat.

이것은 나의 고양이야. 나는 고양이를 가지고 있어.

This is my shirt.
I have a shirt.

이것은 내 셔츠야. 나는 셔츠를 가지고 있어.

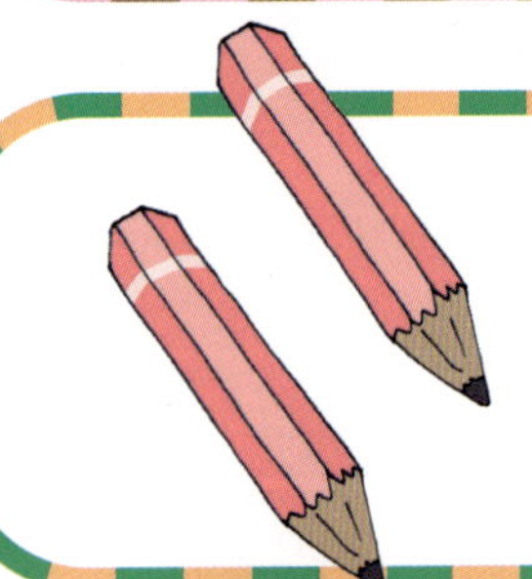

These are my pencils.
I have two pencils.

이것들은 나의 연필이야. 나는 연필 두 자루를 가지고 있어.

These are my dolls.
I have three dolls.

이것들은 나의 인형이야. 나는 인형 3개를 가지고 있어.

LOOK AND SAY

face
얼굴
eye
눈
head
머리
hair
머리카락
cheek
뺨
ear
귀
nose
코
tooth
치아
mouth
입
hand
손
finger
손가락
foot
발

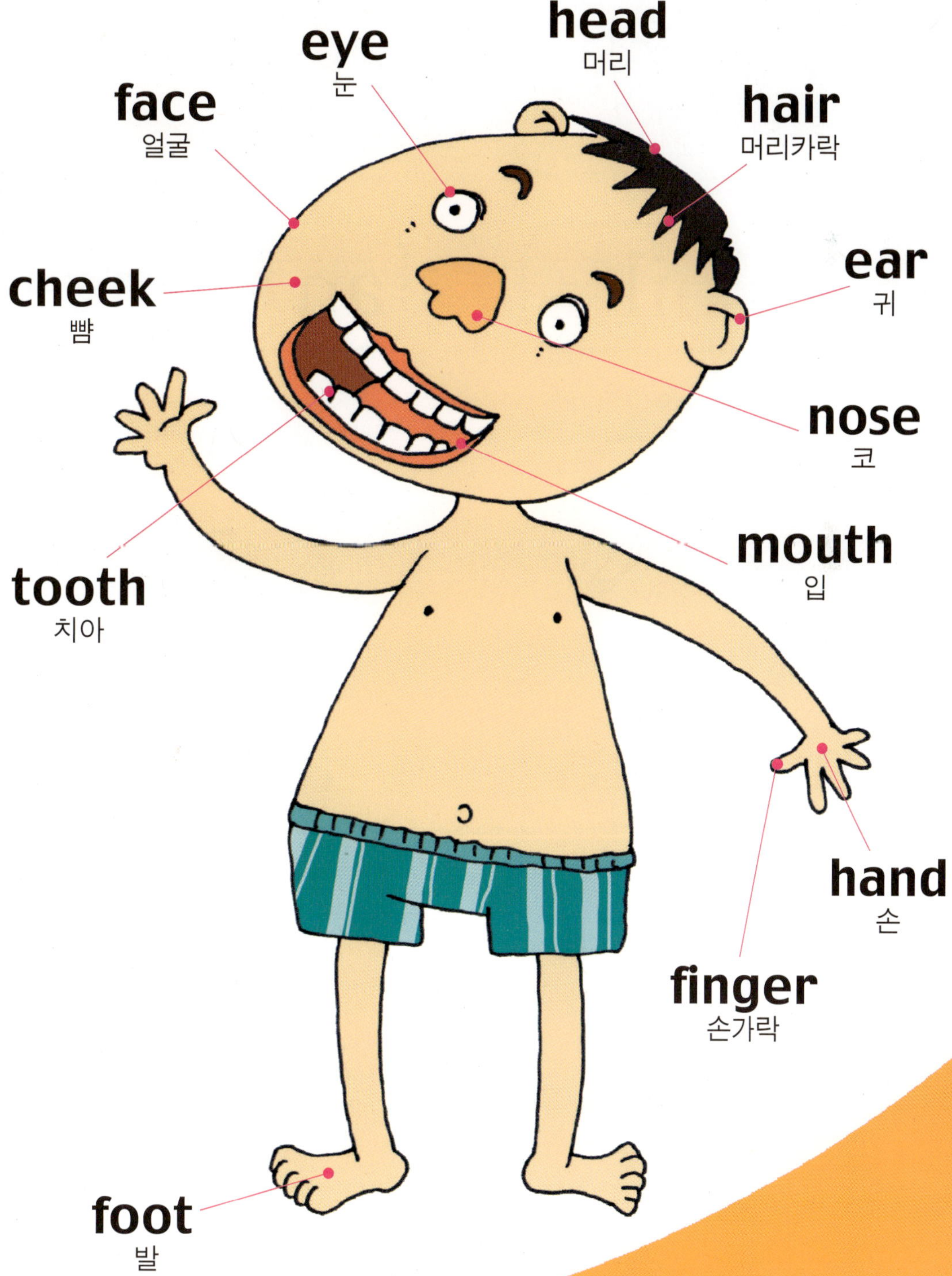

an oil

an orange

an organ

an owl

an ox

an octopus

a **p**ear

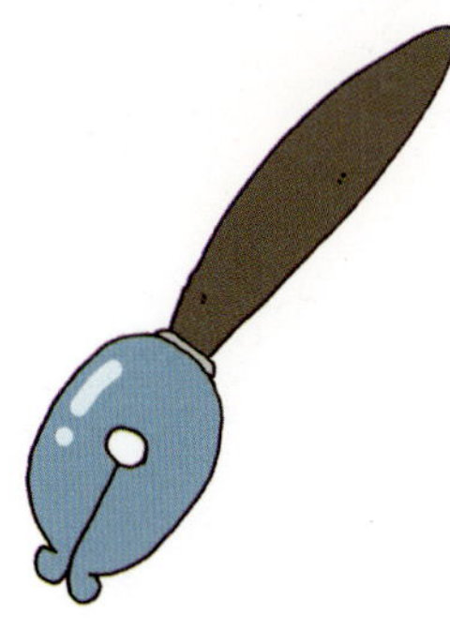

a **p**en

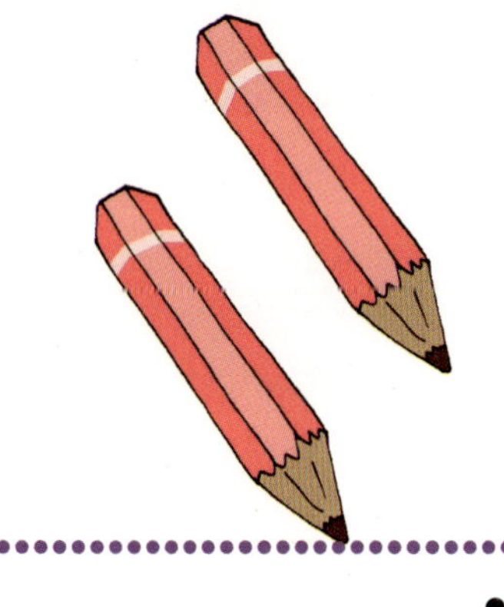

a **p**encil

a **p**enguin

a **p**ig

a **p**otato

This is my book.

이것은 내 책이야.

This is my book.

I have a cat.

나는 고양이를 가지고 있어.

I have a cat.

These are my dolls.

이것들은 나의 인형이야.

These are my dolls.

I have two pencils.

나는 연필 두 자루를 가지고 있어.

I have two pencils.

I am white.
My eyes are red.
My ears are long.
My tail is short.
I am a ______ .

I am small.
I am gray.
My tail is long.
My nose is short.
I am a _mouse_ .

I am big.
I am gray.
My nose is long.
I am an ______ .

I am tall.
My body is brown.
My leaves are green.
I am a ______ .

10

What time is it?
(It's 10 to 11.)

몇 시예요?
(11시 10분전입니다.)

Get up, Nara.
나라, 일어나라.

I'm sleepy.
졸려요.

Look at the clock! What time is it?
시계를 보렴! 몇 시니?

It's seven o'clock.
7시요.

Oh, no, it's not seven o'clock.
오, 아니야. 7시가 아니란다.

It's eight o'clock.
8시다.

What time do you get up?

너는 몇 시에 일어나니?

At seven o'clock. How about you?

7시. 너는?

At six thirty.

6시 30분.

What time do you go to bed?

너는 몇 시에 자니?

At nine o'clock. How about you?

9시. 너는?

I do, too.

나두.

파닉스와 리듬에 맞춰 단어를 익혀요.

a **q**ueen

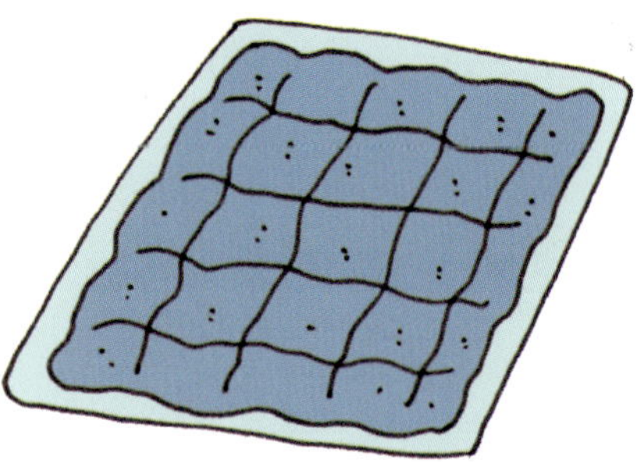

a **q**uilt

a **q**uiz

a **q**uestion

a **r**abbit

a **r**ibbon

a **r**ocket

a **r**ose

a **r**uler

a **r**ing

A GAME

It's twelve o'clock.
Time to lunch.

It's seven o'clock.
Time to get up.

It's nine o'clock.
Time to go to bed.

무엇을 할 시간인지 그림을 보면서 말해 보아요.

It's eight-twenty.
Time to go to school.

It's five-thirty. Time to play the piano.

It's four-fortyfive.
Time to play baseball.

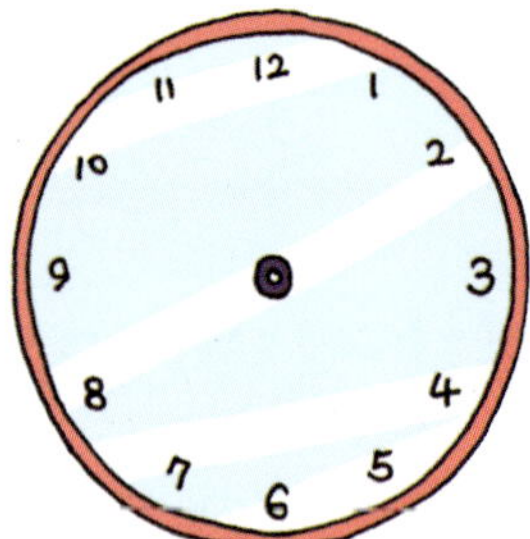

It's three o'clock.

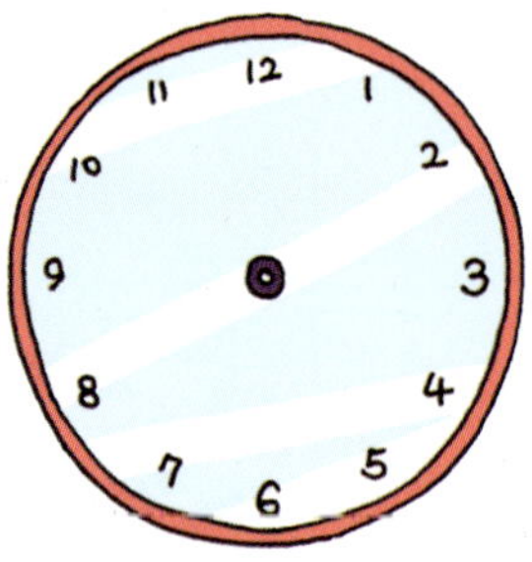

It's five o'clock.

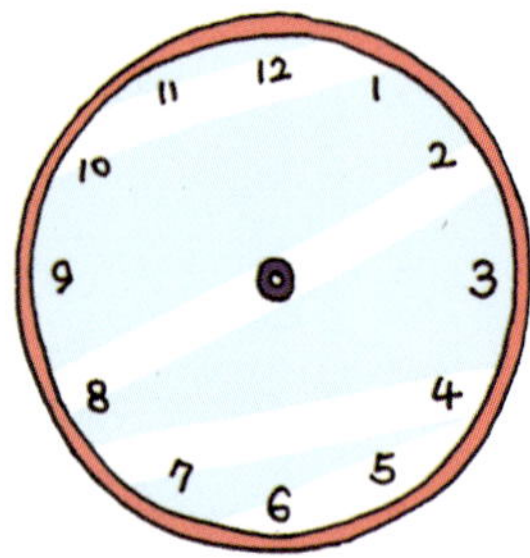

It's one o'clock.

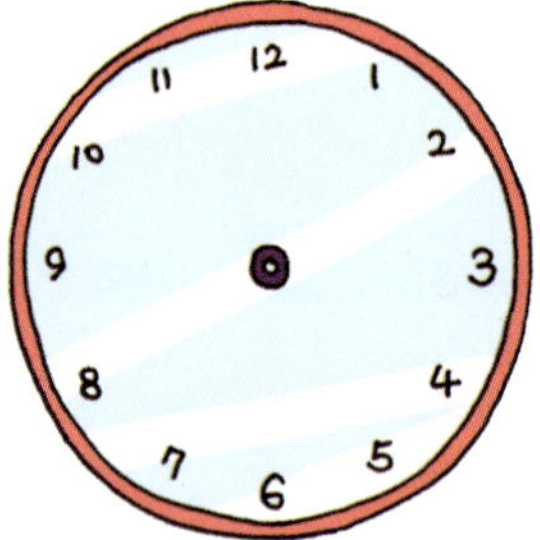

It's nine o'clock.

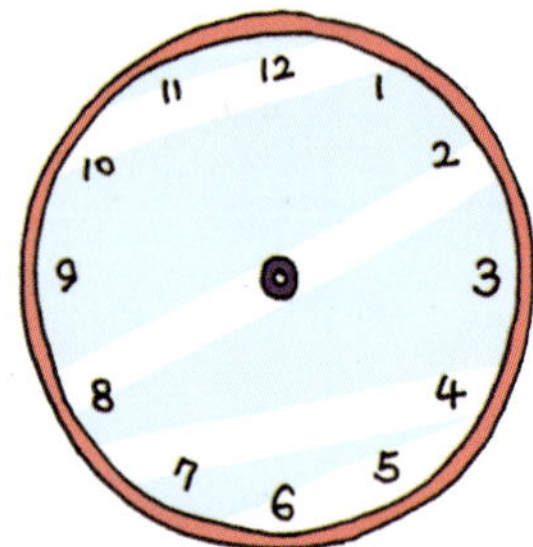

It's two-fifteen.

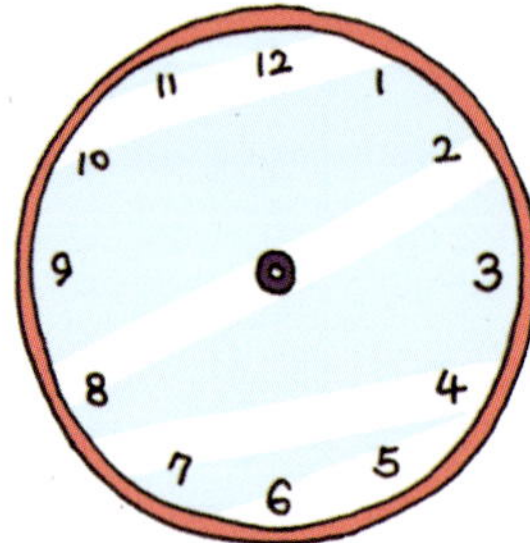

It's eight-thirty.

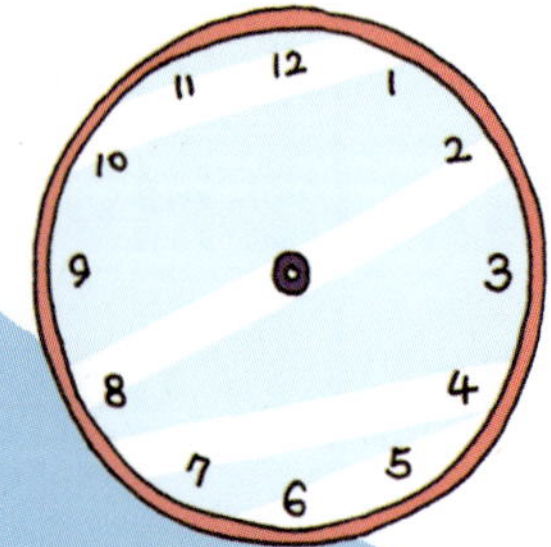

It's four-fortyfive.

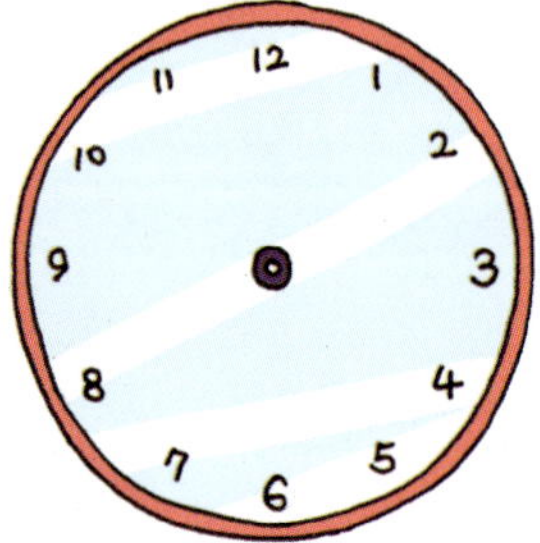

It's eleven-forty.

WRITE THE TIME

It's _________________.

It's _________________.

It's _________________.

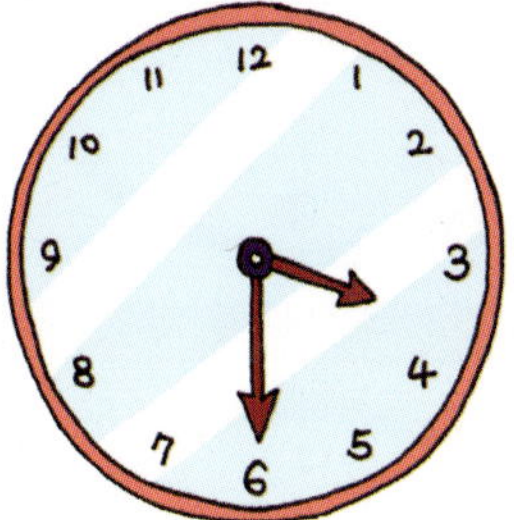

It's _________________.

It's _________________.

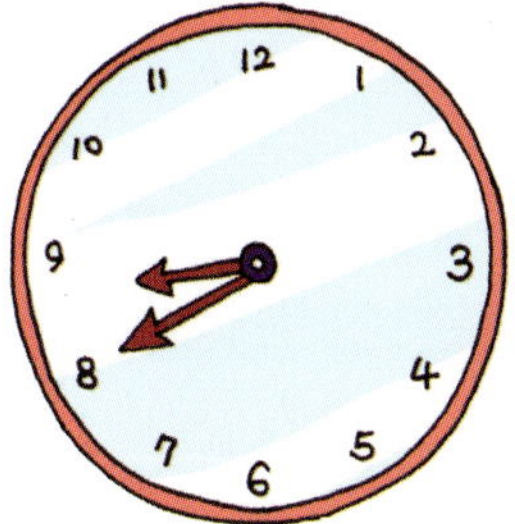

It's _________________.

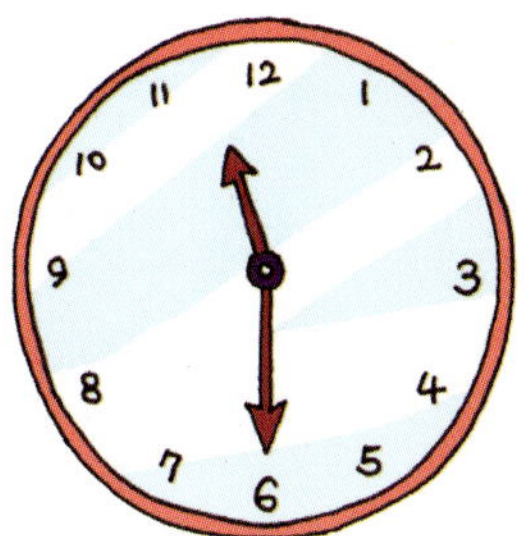

It's _________________.

It's _________________.

what time is it now?

It's 12 o'clock.

It's half past two. or It's two-thirty.

It's half past nine. or It's nine-thirty.

It's a quarter after five. or It's five-fifteen.

It's ten to eleven.

It's a quarter to ten.

지금 몇 시예요?

12시예요.
2시 30분이에요.
9시 30분이에요.
5시 15분이에요.
10시 50분이에요.
9시 45분이에요.

11

What is in the computer?
(There is a file.)

컴퓨터에는 무엇이 있어요?
(파일이 있단다.)

What is in the computer?
컴퓨터에는 무엇이 있어요?
There is a file.
파일이 있단다.
Only one?
단 하나요?
No, there are many files.
아니, 여러 개의 파일이 있단다.

What are you doing now?
너 지금 뭐하니?
I run a program now.
지금 프로그램을 실행하고 있어.
Are you busy?
바쁘니?
Yes, I am.
응.
MORE
2 step

a ship

a star

a sun

a swallow

a swing

a sea

a **t**able

a **t**iger

a **t**omato

a **t**oy

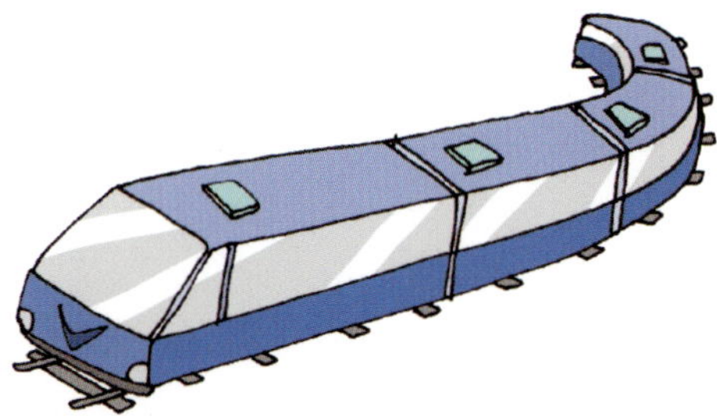

a **t**rain

a **t**ruck

bus
fruit
desk
baby
flower

television

window

horse

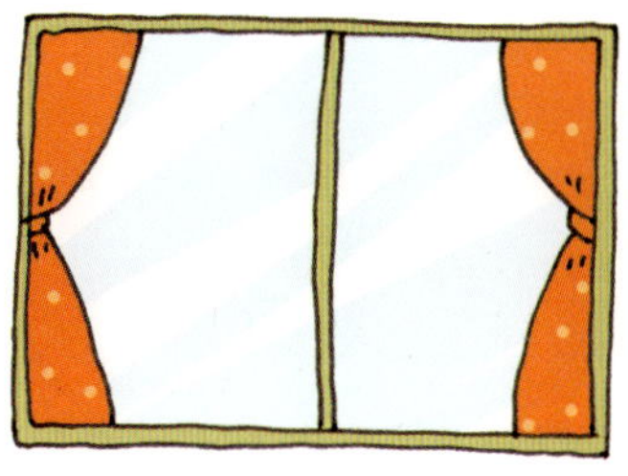

house

A : What is on the table?
B : There is _a telephone_ on the table.

A : What are in the cage?
B : There are __________ in the cage.

A : What is under the truck?
B : There is _____ under the truck.

A : What are in the basket?
B : There are ______ in the basket.

5 step

A : What is on the wall?
B : There is __________ on the wall.

A : What are in the cupboard?
B : There are __________ in the cupboard.

A : What is on the desk?
B : There is __________ on the desk.

A : What are under the tree?
B : There are __________ under the tree.

6 step A PUZZLE

Cross

1
2
3 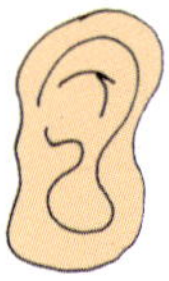
4 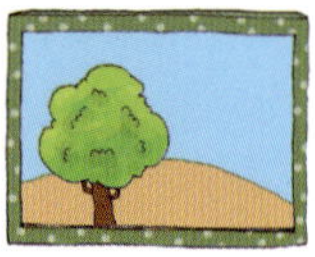
5 1

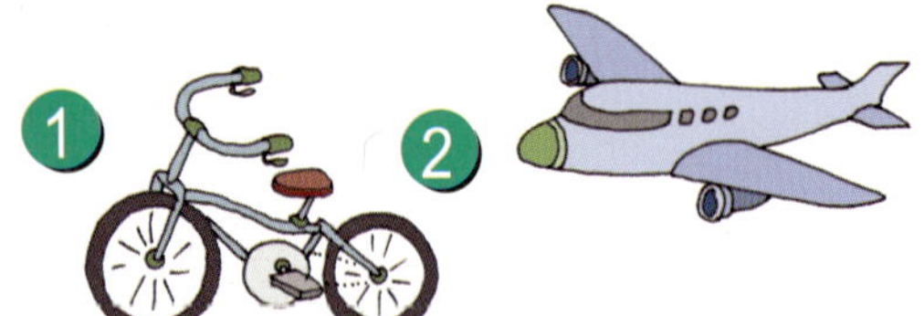

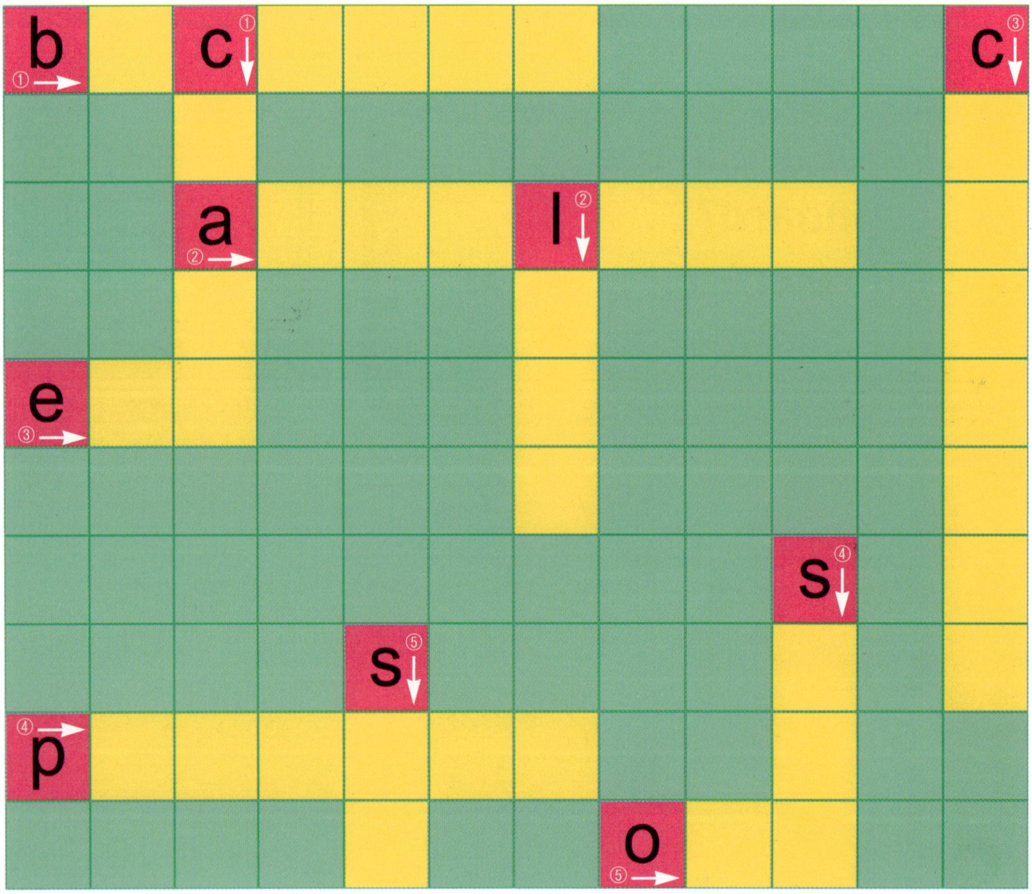

Down

1
2
3
4
5

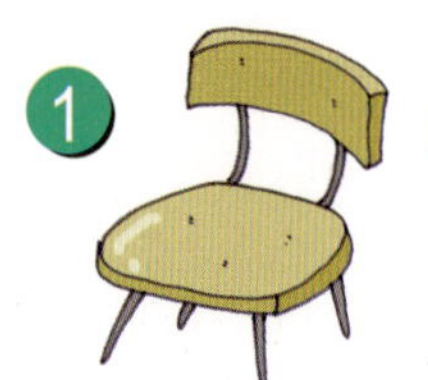

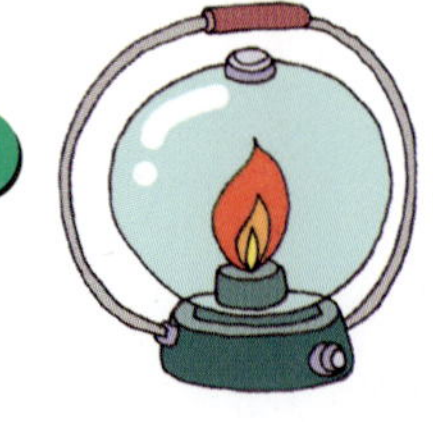

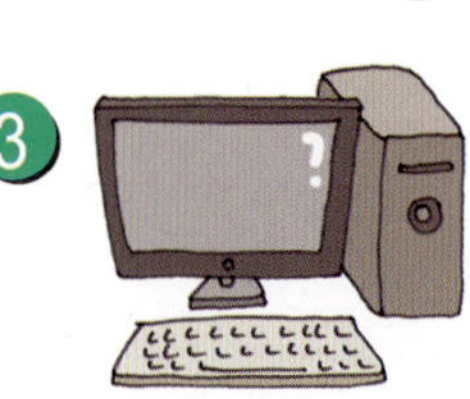

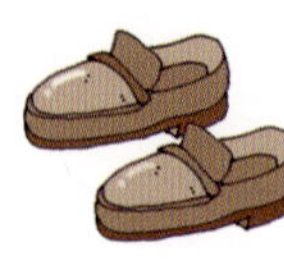

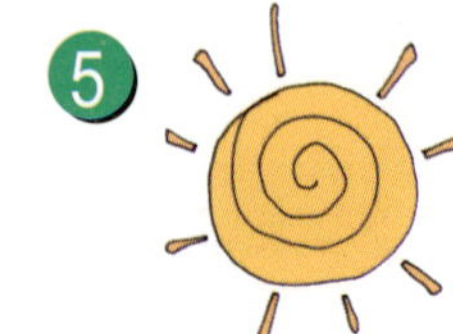

12

What color is it?
(It's pink.)

그것은 무슨 색깔이니?
(그것은 분홍색이야.)

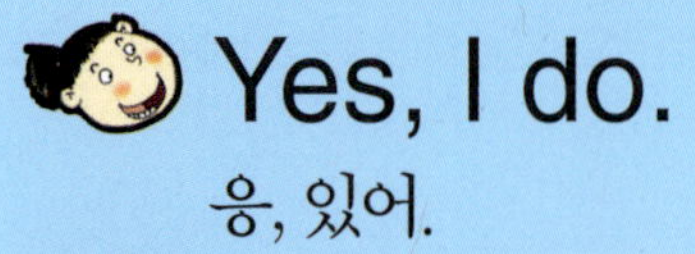

I have a party dress.
나는 파티용 드레스가 있어.

Do you have a party dress, too?
너도 파티용 드레스가 있니?

Yes, I do.
응, 있어.

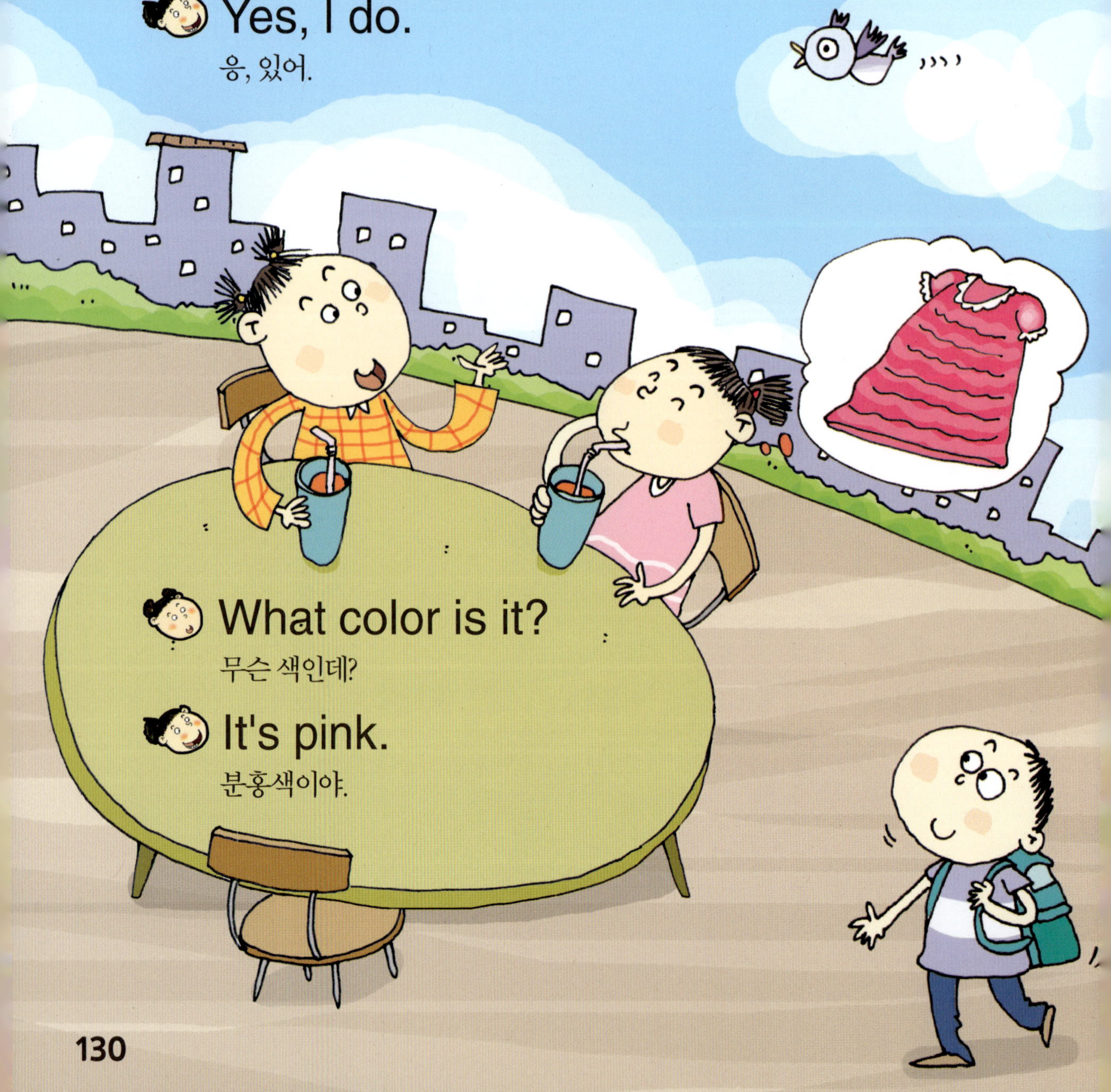

What color is it?
무슨 색인데?

It's pink.
분홍색이야.

130

What color is the rainbow?

무지개의 색깔은 무엇이죠?

Red, orange, yellow, green, blue, deep blue, violet.

빨강, 주황, 노랑, 초록, 파랑, 남색, 보라색이요.

Great!

잘했어요.

What color is the door?

문은 무슨 색깔이지요?

Brown.

갈색이요.

PAINT THE COLOR!

apple(red)

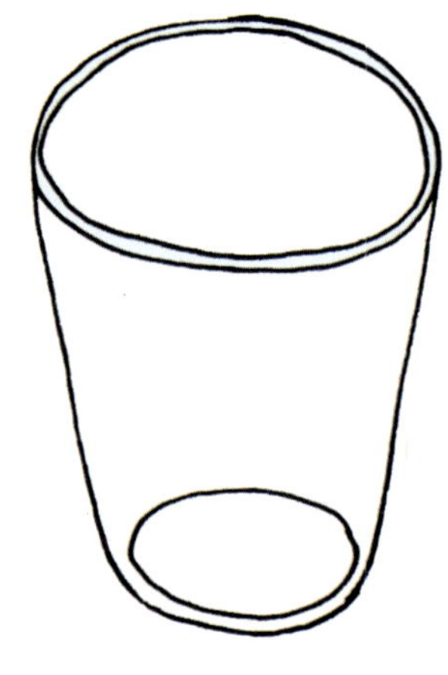

glass(white)

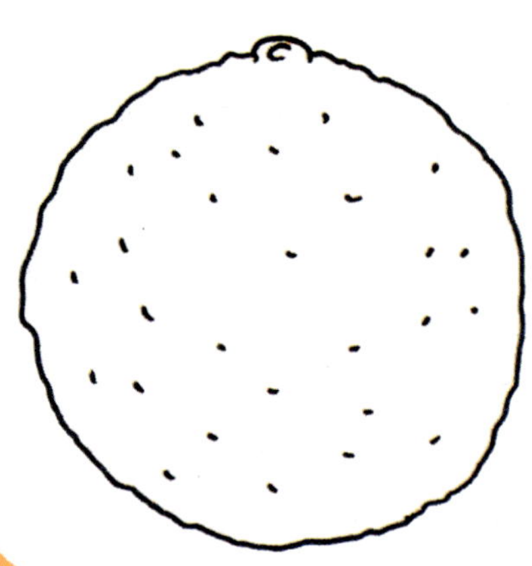

orange(orange)

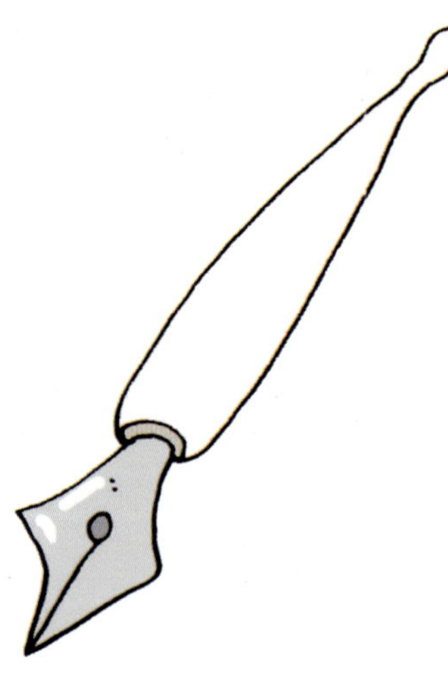

pen(yellow)

ruler(black)

chair(brown)

knife(green)

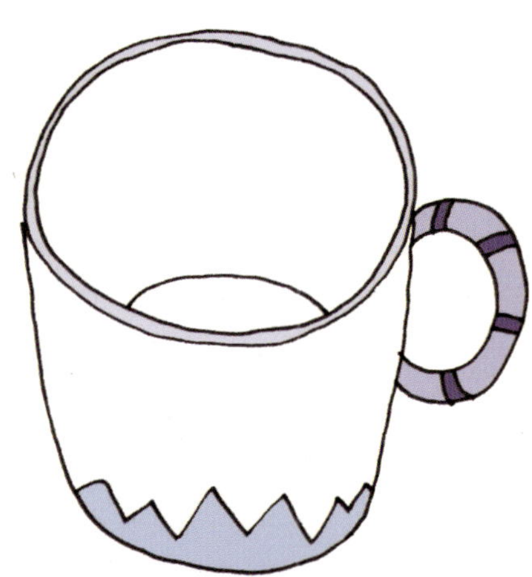

cup(violet)

an **u**ncle

a b**u**g

an **u**mbrella

a **u**niform

an **u**mpire

a t**u**lip

PHONICS · RHYTHMS

a **v**ase

a **v**egetable

a **v**iolin

a **v**ine

a **v**est

a **v**et

A : What color is it?
B : It's __blue__.

A : What color is it?
B : It's ____________.

A : What color is it?
B : It's ____________.

A : What color is it?
B : It's ____________.

A : What color is it?
B : It's ____________.

A : What color is it?
B : It's ____________.

ACT

A : I buy a banana. What color is it?
나는 바나나를 삽니다. 무슨 색깔인가요?

B : It's yellow.
노란색이요.

A : I buy an ice cream cone. What color is it?
나는 아이스크림을 삽니다. 무슨 색깔인가요?

B : It's white.
흰색이요.

A : I buy an apple. What color is it?
나는 사과를 삽니다. 무슨 색깔인가요?

B : It's red.
빨간색이요.

A : I buy a watermelon. What color is it?

나는 수박을 삽니다. 무슨 색깔인가요?

B : It's green.

초록색이요.

A : I buy a drink. What color is it?

나는 음료수를 삽니다. 무슨 색깔인가요?

B : It's blue.

파란색이요.

A : I buy a grape. What color is it?

나는 포도를 삽니다. 무슨 색깔인가요?

B : It's violet.

보라색이요.

WRITE THE LETTERS

Y y
[wai]
와이

Yy Yy Yy Yy

Z z
[ziː]
지 –

Zz Zz Zz Zz

p22

p32

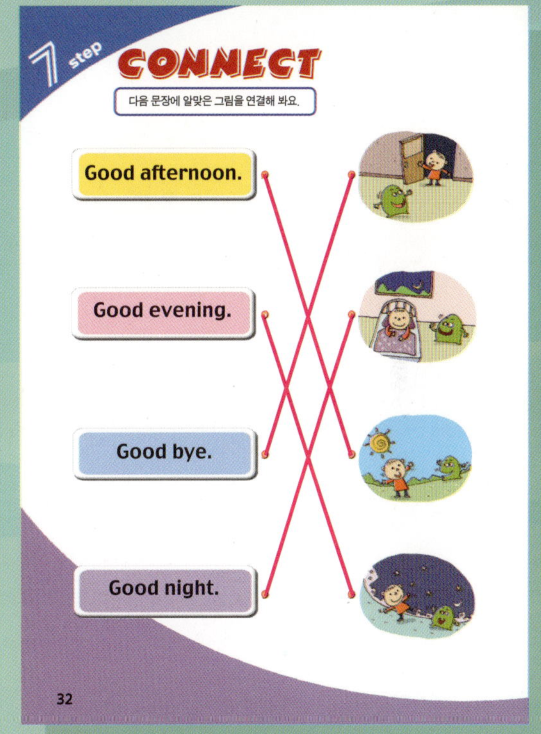

p37

p38

p39

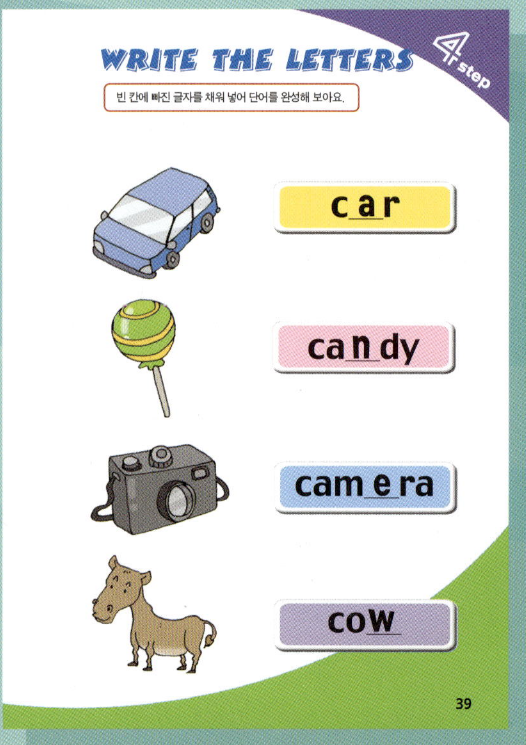

p49

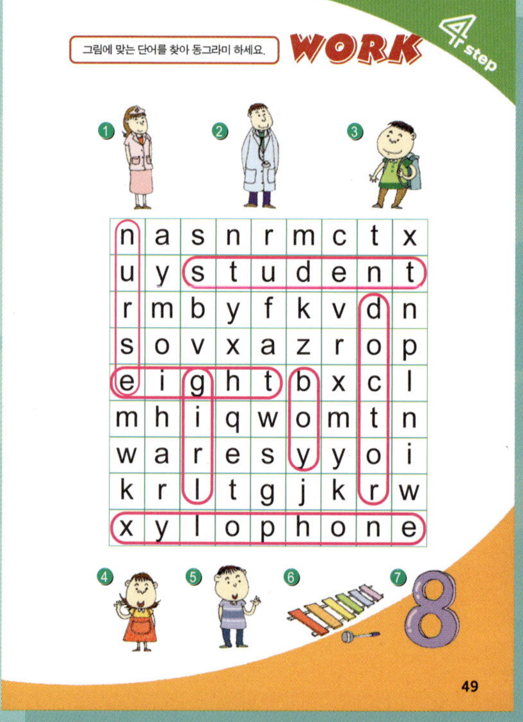

p52

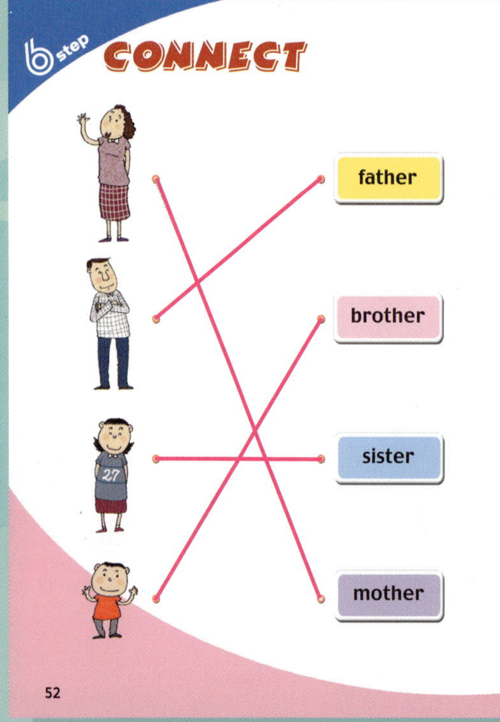

p53

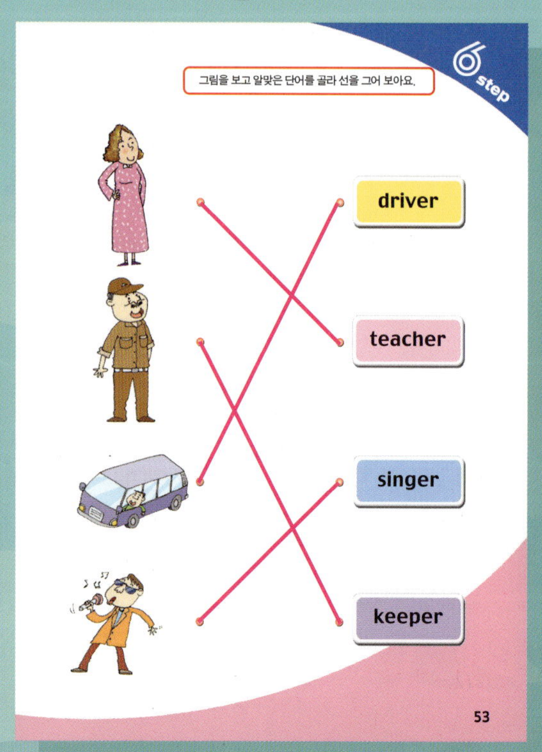

p64

p65

p84

p85

p92

p93

p95

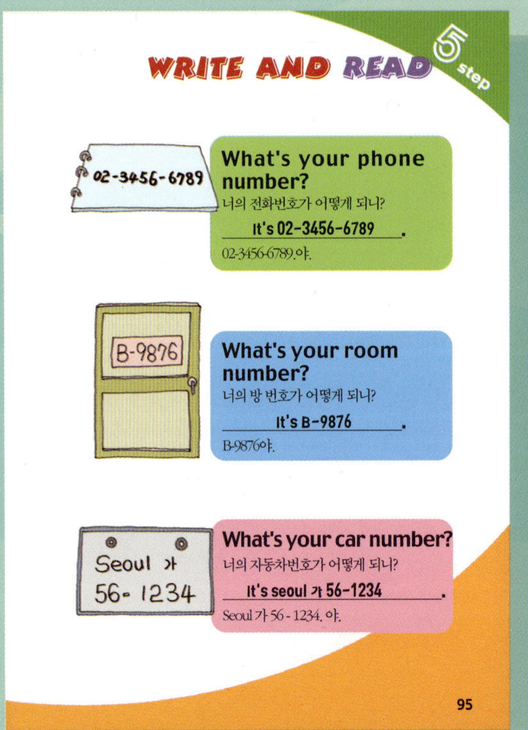

p108

p116

p117

p124

p125

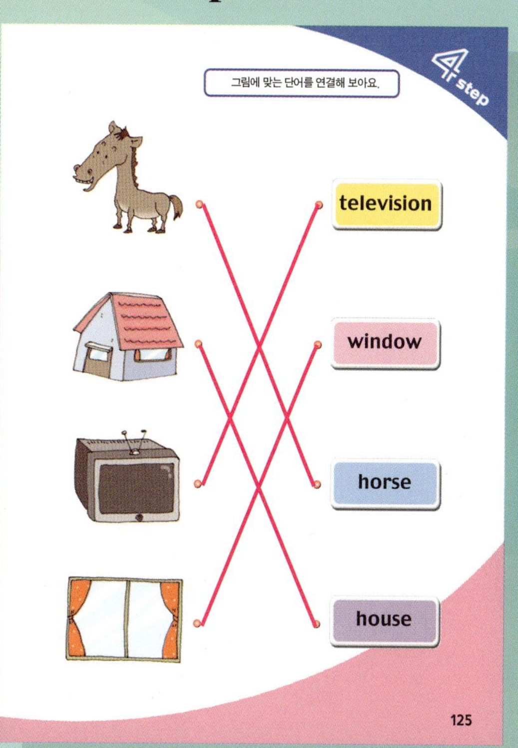

p126

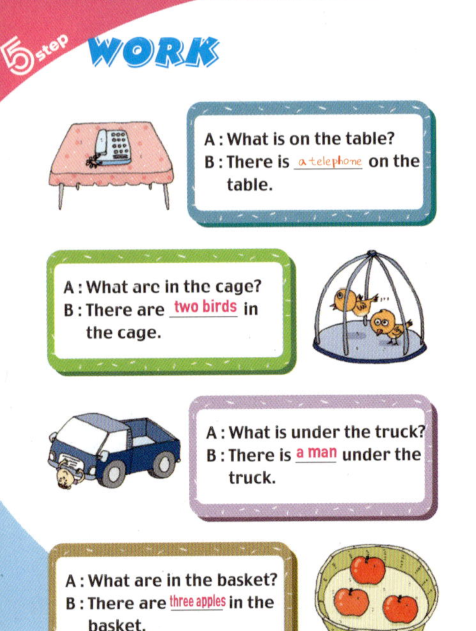

p127

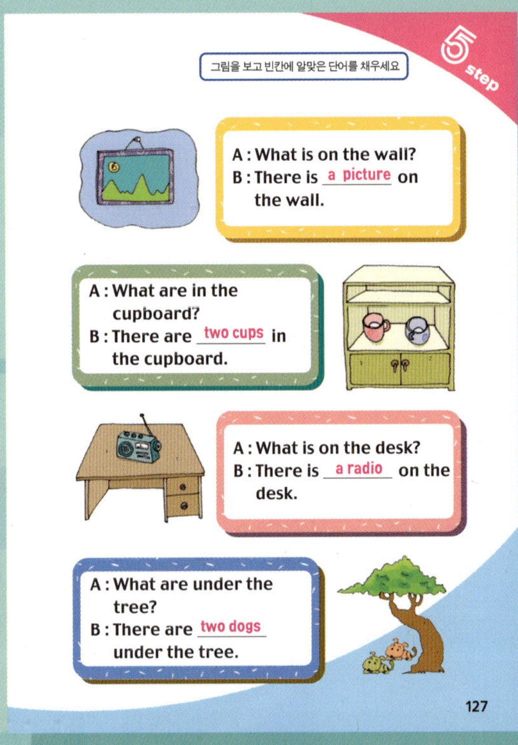

p128

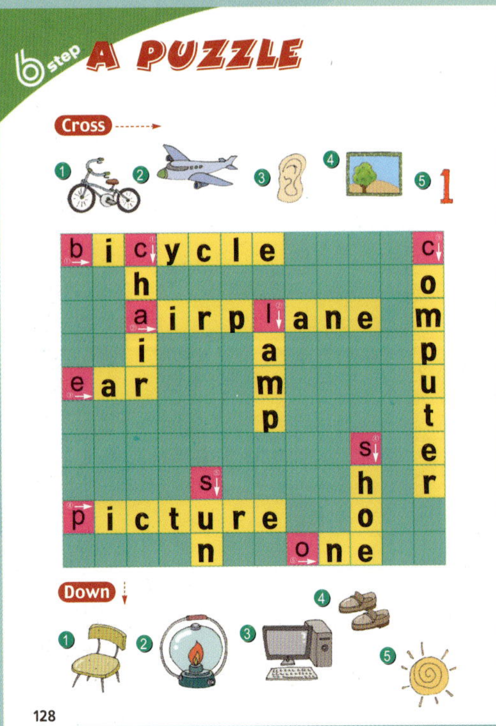

p132

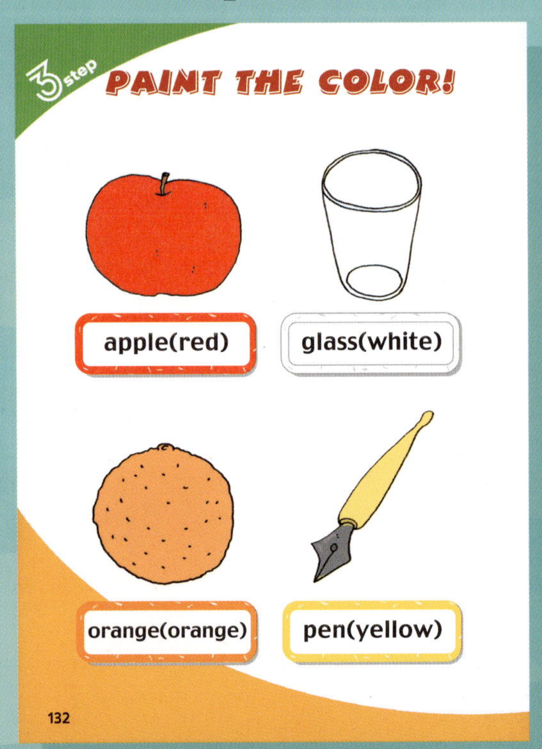

146

p133

p136

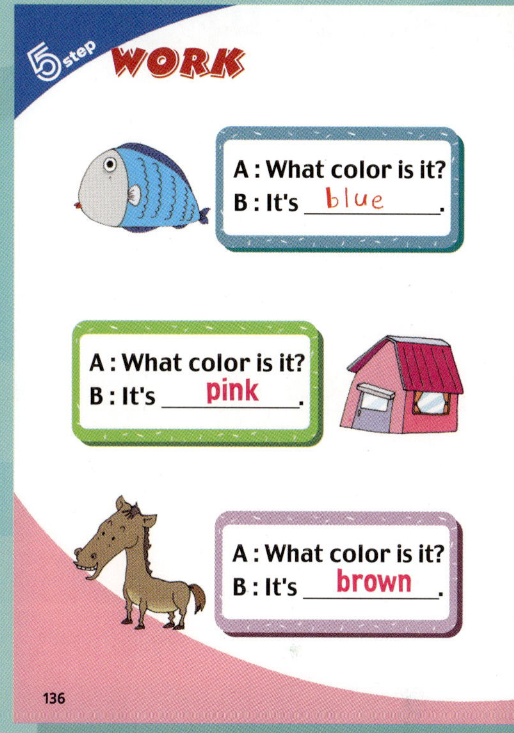

p137

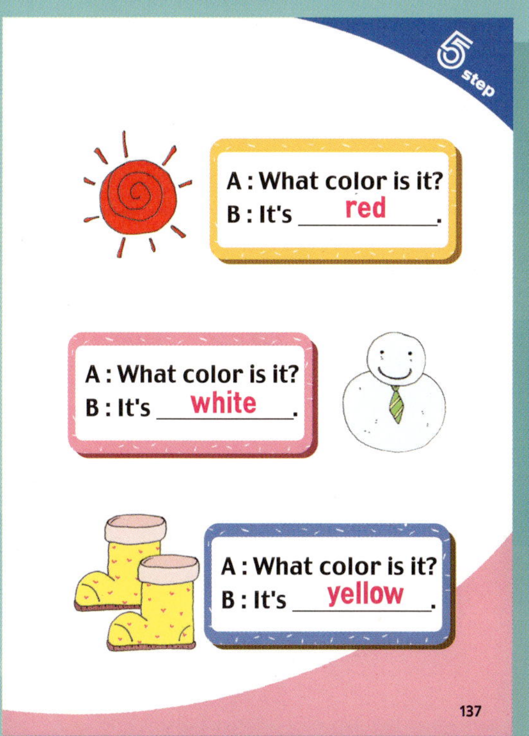

알파벳 Alphabet Sounds

Aa
[ei]
에이

Bb
[biː]
비-

Cc
[siː]
씨-

Dd
[diː]
디-

Ee
[iː]
이-

Ff
[ef]
에프

Gg
[dʒiː]
쥐 -

Hh
[eitʃ]
에이취

Ii
[ai]
아이

Jj
[dʒei]
줴이

Kk
[kei]
케이

Ll
[el]
엘

Mm [em] 엠

Nn [en] 엔

Oo [ou] 오우

Pp [piː] 피-

Qq [kjuː] 큐-

Rr [aːr] 아-르

Ss [es] 에스

Tt [tiː] 티-

Uu [juː] 유-

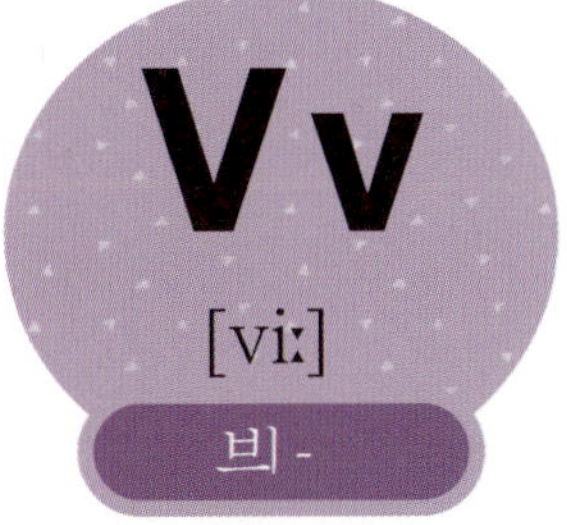

Vv [viː] 비-

Ww [dʌbljuː] 더블유-

Xx [eks] 엑스

Yy [wai] 와이

Zz [ziː] 지-

발음 기호

모음기호

a 아	**æ** 애	**ə** 어	**ʌ** 어	**e** 에
ɔ 어/오	**u** 우	**i** 이	**aː** 아-	**aːr** 아-르
əːr 어-르	**ɔː** 오-	**ɔːr** 오-르	**uː** 우-	**iː** 이-
ai 아이	**au** 아우	**ɛər** 에어르	**ei** 에이	**ou** 오우
ɔi 오이	**uər** 우어르	**iər** 이어르		

자음기호

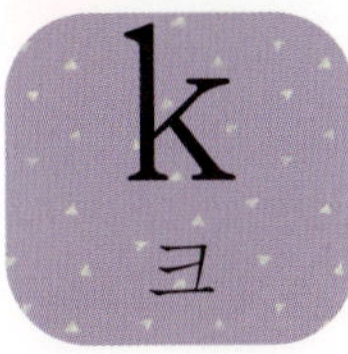 k 크	 g 그	 p 프	 b 브	 t 트
 d 드	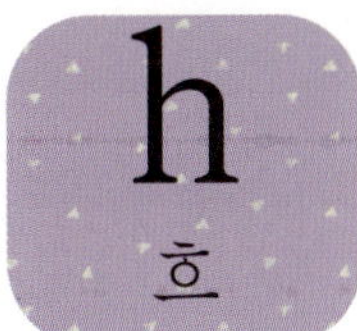 h 흐	 f 프	 v 브	 s 스
 z 즈	 l 르	 r 르	 θ 쓰	 ð 드
 ʃ 쉬	 ʒ 쥐	 tʃ 취	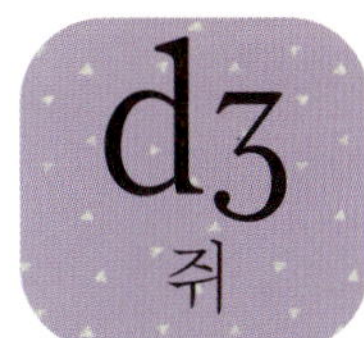 dʒ 쥐	 m 므
 n 느	 ŋ 응			

alphabet card

Aa
Apple

Bb
Bird

Cc
Cake

Dd
Dog

Ee
Egg

Ff
Fish

Gg
Gift

Hh
House

Ii
Ice Cream

Jj
Jacket

Kk
Key

Ll
Lion

Mm
Money

Nn
Night

Oo
Ocean

Pp
Penguin

Qq
Queen

Rr
Ring

Ss
Strawberry

Tt
Time

Uu
Umbrella

Vv
Violin

Ww
Whale

Xx
Xylophone

Yy
Yogurt

Zz
Zipper